이야기로 배우는
수학의 역사

그래서
이런 **수학**이
생겼대요

일러두기
어려운 수학 용어는 용어 옆에 *표시를 하여 172쪽 '수학 용어 사전'에 풀이해 놓았습니다.

이야기로 배우는 수학의 역사

그래서 이런 수학이 생겼대요

글 우리누리 | 그림 강경수 | 감수 이정

길벗스쿨

책머리에

그래서 이런 수학이 생겼대요

여러분은 '수학'이라고 하면 어떤 생각이 먼저 드나요?

제가 어렸을 때 수학은 재미있는 놀이였어요. 엄마가 전화기 다이얼의 숫자를 알려 주실 때나 할아버지가 주신 사탕 개수를 세어 볼 때, 시계 눈금 한 칸의 의미를 배워 시간의 개념을 깨쳤을 때, 수학은 그저 재미있는 놀이 가운데 하나였어요.

그런데 좀 더 커서 구구단을 외우기 시작하고 분수와 소수 같은 복잡한 계산 문제를 억지로 풀면서 수학이 점점 재미없어졌어요. 게다가 삼각형, 사각형 등의 도형을 만나고 나서는 수학이 정말 어렵게 느껴졌답니다.

이렇게 재미없고 어렵기만 한 수학을 왜 배워야 할까요? 시험을 잘 봐서 좋은 성적을 받기 위해 공부하는 걸까요?

그렇지 않아요. 우리 생활에는 수학을 알아야만 해결할 수 있는 문제가 참 많답니다. 예를 들어 맛있는 초콜릿 케이크를 다섯 명의 가족이 똑같이 나눠 먹을 때, 미로 찾기 게임을 할 때, 가게에서 물건 값을 치를 때 등 우리는 우리도 모르는 사이에 수학을 사용하고 있지요.

하지만 아무리 수학이 우리에게 도움이 된다고 해도 수학 공부는 어렵고 따분하게 느껴져요. 심지어 중학생이 되고 고등학생이 되면 수학을 포기하는 학생들도 생겨나지요.

도대체 어떻게 해야 수학 공부를 재밌게 할 수 있을까요?

가장 재미있는 방법은 바로 수학의 역사와 함께 공부하는 거예요.

이 책은 동서양의 수학의 역사를 재미있는 이야기 속에 담았어요. 인류가 수를 세기 시작한 것은 언제부터였는지, 우리가 쓰고 있는 숫자는 어떻게 만들어졌는지, 도형은 왜 연구하게 되었는지, 수학 계산은 어떻게 발달했는지를 재미있는 네 칸 만화와 이야기로 들려주지요. 수학이 생겨나고 수학이 발전해 온 과정을 알아가면서, 수학이 왜 필요하고 우리 생활과 얼마나 깊은 관계가 있는지 자연스럽게 깨달을 수 있어요. 또 수학을 발전시키기 위해 뜨거운 열정과 노력을 보여 준 수학자들의 이야기는 여러분에게 진한 감동을 전해 줄 거예요.

자, 그럼 수학의 역사 속으로 신 나는 여행을 떠나 볼까요?

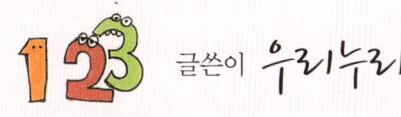
글쓴이 우리누리

차례

1장 인류의 위대한 문화유산, 수

- 12　아주 먼 옛날, 사람들은 수를 세지 못했어요 - 수 감각
- 14　돌멩이를 이용해 수를 표시했어요 - 일대일 대응
- 18　가장 오래된 숫자 가운데 하나예요 - 수메르의 숫자
- 20　손가락으로 수를 세면서 탄생했어요 - 10진법
- 22　다섯 개씩 묶어서 세면 편리해요 - 5진법
- 24　바빌로니아 사람들은 60진법을 썼대요 - 60진법
- 26　사물의 모양을 보고 만들었어요 - 이집트 상형 숫자
- 28　악마의 마술이라고요? - 인도-아라비아 숫자
- 32　가장 위대한 숫자의 탄생 - 숫자 0
- 34　1000은 우리말로 '즈믄'이에요 - 수를 나타내는 우리말

2장 계산은 이렇게 발전했대요

- 38　물건을 나누면서 탄생했어요 - 분수
- 40　복잡한 방정식을 기호로 표시했어요 - 수학 기호의 탄생
- 42　사칙 연산을 기호로 나타냈어요 - +−×÷의 탄생
- 44　인쇄업자가 정했어요 - 미지수 'x'

46 엄청나게 불어난 밀알의 수 - 거듭제곱

48 이자를 쉽게 계산하기 위해 태어났어요 - 소수

50 눈 깜짝할 새 1부터 100까지 더했어요 - 가우스의 덧셈법

52 아들아, 은밀하게 공부하도록 해라 - 구구단

54 고려 사람들도 분수 계산을 했대요 - 《구장산술》 속 분수

56 볏단을 얼마나 주어야 할까요? - 《구장산술》 속 방정식

58 우리 조상들이 사용했던 편리한 계산기 - 산가지

60 기계식 계산기가 처음으로 탄생했어요 - 파스칼린

3장 놀라운 도형의 세계

64 새롭게 토지를 나누면서 생겨났어요 - 기하학

66 삼각형을 이용해 육지와 배 사이의 거리를 쟀어요 - 삼각형의 합동

70 막대기 하나로 피라미드의 높이를 쟀어요 - 삼각형과 비례식의 성질

74 직각삼각형의 성질을 증명해 냈어요 - 피타고라스의 정리

78 동양에도 피타고라스의 정리가 있었대요 - 구고현 정리

80 정오각형 속 별에 숨어 있는 비밀 - 황금비

84 역사상 가장 위대한 수학책 - 유클리드의 《원론》

86 내 도형을 망치지 마라 - 아르키메데스와 원

88 아르키메데스, 최초로 원주율을 계산하다 - 원주율 I

90 원주율을 계산한 수학자들 - 원주율 II

92 원과 비례식을 이용하여 지구의 둘레를 재다 - 원과 비례식

94	색종이로 삼각형 내각의 합을 증명했어요 - 삼각형 내각의 합
96	가장 넓은 땅을 차지하려면? - 원의 비밀
98	꿀벌은 왜 정육각형 모양의 집을 지을까요? - 정육각형의 비밀
100	부피가 2배인 아폴론 신의 제단을 만들라 - 정육면체의 부피

4장 흥미진진한 측정·확률·통계 이야기

104	사람의 신체는 가장 오래된 줄자 - 신체와 단위
106	진시황제, 중국 통일과 함께 도량형도 통일하다 - 중국의 도량형
108	암행어사의 필수품, 유척 - 유척
110	전 세계의 단위를 하나로 통일해야 하오 - 미터법
112	유레카! 유레카! - 물체의 부피
114	먹는 만큼 똥을 누는 걸까? - 몸무게 측정
116	도박에서 시작되었어요 - 확률
118	윷놀이를 하면 왜 걸과 개가 자주 나올까? - 경우의 수와 확률
122	사회 문제를 해결하기 위해 생겨났어요 - 통계

5장 재미있는 수학 이야기

126	미궁에서 탈출하는 방법 - 미로와 수학
130	쾨니히스베르크의 다리 건너기 - 한붓그리기
132	일식이 일어나는 날짜를 예언했어요 - 천문학과 수학

134 망치 소리를 듣고 음계를 만들어 냈어요 - 음악과 수학
136 아킬레우스와 거북이의 경주 - 제논의 역설
138 나는 이미 진리와 결혼했습니다 - 최초의 여성 수학자
140 1년 후 토끼는 몇 마리일까요? - 피보나치 수열
144 산학 시험을 통과하지 못하면 불이익을 내리겠노라 - 세종대왕과 수학
146 이 문제를 한번 풀어 보시겠습니까? - 수학 대결
150 병사들이 몇 명이나 남았을까? - 공배수와 최소공배수
154 물고기는 몇 마리나 있을까? - 비례식의 성질

156 힐베르트 호텔에 어서 오세요 - 무한
158 파리를 보고 좌표를 탄생시켰어요 - 좌표
160 수학자 뉴턴의 위대한 발견 - 미적분 I
162 두 위대한 수학자의 싸움 - 미적분 II
164 이 탑을 다 옮기면 지구가 멸망한대요 - 하노이의 탑
166 마법 같은 수학 - 마방진
168 걸리버는 밥을 얼마나 먹어야 할까? - 식사량 계산하기
170 동물도 수에 대한 감각이 있을까? - 동물과 셈

부록　수학 용어 사전
　　　교과 연계표

1

인류의 위대한 문화유산, 수

수 감각 • 일대일 대응 • 수메르의 숫자 • 10진법 • 5진법 • 60진법
이집트 상형 숫자 • 인도-아라비아 숫자 • 숫자 0 • 수를 나타내는 우리말

아주 먼 옛날, 사람들은 수를 세지 못했어요

수감각

구석기 시대 원시인 우빠루빠는 동굴 벽에 그림을 그리고 있었어요.

"우빠루빠, 남자는 사냥을 나가야 한다. 가자."

함께 사냥을 가자는 우두머리의 말에 우빠루빠는 가슴이 쿵쾅거렸어요. 오늘은 우빠루빠가 첫 사냥을 나가는 날이었지요.

"우빠루빠, 우린 여기에 있을 테니 네가 강 아래까지 가서 사냥감이 있는지 살펴보고 와라."

우두머리는 우빠루빠에게 첫 번째 임무를 주었어요. 임무를 받은 우빠루빠는 사냥감을 찾아서 조심조심 강으로 내려갔어요. 잠시 후, 우빠루빠는 무리를 향해 허겁지겁 달려오며 큰 소리로 외쳤어요.

"모두 피해! 짐승들이 몰려오고 있어!"

"그래? 그럼 우리가 잡아먹자."

"안 돼. 우리가 잡기에는 너무 많아. 빨리 피해야 해!"

부족 사람들은 우빠루빠의 말에 놀라 재빨리 도망쳤어요. 많은 짐승들이 몰려오고 있다니 자칫하면 크게 다칠 수도 있는 일이었지요. 그런데 도망치던 우빠루빠가 그만 돌부리에 걸려 넘어지고 말았어요.

"우빠루빠, 어서 일어나! 빨리 도망쳐야 해!"

우두머리는 넘어진 우빠루빠를 일으켜 세우다가 달려오는 짐승들과 맞닥뜨리고 말았어요. 그 순간, 우두머리는 어이없는 표정을 지었어요. 원시인들을 쫓아온 짐승들이 겨우 3마리뿐이었거든요.

"우빠루빠! 짐승들이 많이 몰려온다고 했잖아?"

"많잖아!"

"저게 뭐가 많아? 겁은 많아 가지고. 자, 모두 힘을 합쳐 사냥하자!"

우두머리가 공격 지시를 내리자, 모두들 돌도끼와 찍개따위를 치켜들고 사냥감을 향해 달려들었어요. 얼마 후, 그들은 사냥한 짐승들을 어깨에 메고 동굴에 도착했지요.

"우리가 사냥감을 많이 잡아 왔다."

우빠루빠는 자랑스레 외쳤어요. 여전히 짐승 3마리가 많다고 생각했거든요.

사람은 태어나면서부터 수 감각을 지니고 있어요. 연구에 따르면 태어난 지 4개월 정도 된 아기도 수 감각을 지니고 있대요. 사탕을 2개 든 손과 3개 든 손을 내밀면 대부분의 아기들은 3개 든 손을 선택한다고 해요. 이것을 통해 학자들은 최초의 인류도 수 감각이 있었을 거라고 추측하고 있어요. 다만 수를 세지는 못했고 '많다', '적다', '줄어들다', '늘어나다' 같은 수에 대한 기초적인 감각만 가지고 있었을 거라고 해요.

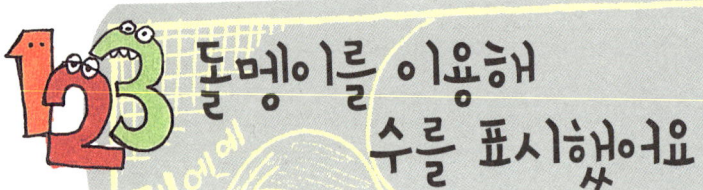 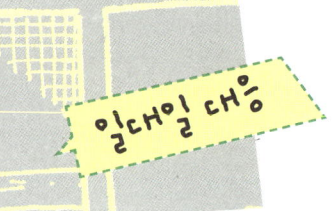

 양치기 소년 또바는 걱정이 많았어요. 자기가 기르는 양들이 한 마리라도 없어질까 봐 낮이고 밤이고 양들 곁을 떠나지 못했지요.
 "내가 자리를 비우면 누군가 내 양을 가져갈지도 몰라."
 또바가 잠을 설쳐 가면서 밤마다 양들을 지키는 데는 이유가 있었어요. 얼마 전부터 양들이 점점 줄어드는 느낌이 들었거든요. 아무래도 누군가 양을 훔쳐 가거나, 늑대가 양을 물어 가는 것 같았어요. 이런 사정을 마을 사람들에게 말해 봐도, 아무도 또바의 말을 귀담아듣지 않았어요.
 "기분 탓이겠지. 우리 마을에선 그런 짓을 할 사람이 없다."
 "늑대가 왔다 간 흔적도 없잖아."

틀림없이 양들의 수가 줄어들었는데, 또바는 이 사실을 증명할 방법이 없었어요. 또바를 비롯해 마을 사람들 모두가 수를 셀 줄 몰랐기 때문이에요. 그러니 양이 원래 정확히 몇 마리였는지도 알 수 없었고, 몇 마리가 사라졌는지도 헤아릴 수 없었지요.

사실 또바의 양들을 훔쳐 간 도둑은 옆 마을에 사는 퉁가였어요. 퉁가는 또바가 잠깐 꾸벅꾸벅 조는 사이에 양들을 몰래 훔쳐 갔던 거예요.

그날도 퉁가는 나무 뒤에 숨어서 또바가 졸기만을 기다렸어요. 또바는 졸음을 쫓으려고 돌멩이를 나무에 툭툭 던지며 놀고 있었지요. 그때 문득 또바의 머릿속에 좋은 생각이 떠올랐어요.

"그래, 돌멩이를 이용하는 거야."

또바는 양을 1마리씩 우리 안으로 들여보냈어요. 그러고는 양 1마리가 우리로 들어갈 때마다 손바닥 위에 작은 돌을 1개씩 올려놓았어요. 양들이 모두 우리로 들어갔을 때 또바의 손에는 모두 13개의 돌멩이가 올려져 있었지요.

"이렇게 양과 돌멩이를 짝 지어 놓고, 돌멩이만큼 양이 있는지 확인하면 되겠지? 만약 양이 사라진다면 돌멩이와 짝이 맞지 않아서 금방 알아챌 거야."

또바는 양들을 헤아릴 때 쓴 돌멩이들을 그릇 속에 모아 두었어요.

이 모습을 숨어서 지켜본 퉁가는 한숨을 길게 내쉬었어요.

"에휴, 이제 양들을 훔쳐 가기는 다 틀려 버렸네."

다음 날 아침, 오랜만에 움막에서 잠을 푹 자고 나온 또바는 풀을 먹이기 위해 양들을 우리에서 내보냈어요. 양을 1마리 내보낼 때마다 그릇 속의 돌멩이를 1개씩 꺼냈지요. 양을 다 내보내자 그릇 속이 텅 비었어요.

또바는 이제 안심하고 잠을 푹 잘 수 있게 되었어요. 비록 수를 셀 줄은 모르지만 양이 없어지면 바로 알아챌 수는 있으니까요.

돌멩이를 이용하여 수를 표시했어요

사냥을 하고 채집 생활을 하던 선사 시대 사람들은 차츰 농사를 짓고 가축을 키우기 시작하면서 마을을 이루고 생활했어요. 그러다 보니 가축이나 물건의 수, 함께 사는 무리의 수를 셀 필요가 생겼고, 수의 개념도 함께 발전하게 되었지요.

처음에는 돌멩이나 열매, 조개껍데기 등을 이용해 짝을 짓는 방법으로 수를 표시했어요. 이러한 방법을 '일대일 대응'이라고 해요. 숫자가 없어도 이 방법을 이용하면 간단하게 물건의 수를 표시할 수 있지요.

하지만 이 방법은 수를 오랫동안 기록할 수 없다는 단점이 있어요. 돌멩이나 열매는 쉽게 다른 것들과 섞이기도 하고 없어지기도 하니까요.

동물 뼈에 눈금을 새겼어요

1962년 아프리카에서 오래된 동물의 뼈가 발견되었어요. 이 뼈에는 누군가 일부러 새긴 듯한 눈금들이 그어져 있지요. 이 눈금은 선사 시대 사람들이 수를 기록한 흔적이에요. 예를 들어 뼈에 눈금이 100개가 새겨져 있으면 100이라는 수를 뜻하는 거예요. 이렇게 하면 돌멩이를 이용해서 수를 세는 것보다는 수를 오래 기록할 수 있었지요. 하지만 사람들이 큰 수를 세기 시작하면서부터는 매우 불편했을 거예요. 만약 1000이라는 수를 표시하려면 빗금을 1000개나 그어야 하고, 1000개나 되는 빗금을 세다 보면 중간에 헷갈릴 수도 있으니까요.

매듭으로 수를 표시했어요

1500~1600년경 남아메리카 땅에 살던 잉카 사람들은 끈으로 매듭을 짓는 방법으로 수를 나타냈어요. 1부터 9까지는 아래와 같이 표시했지요.

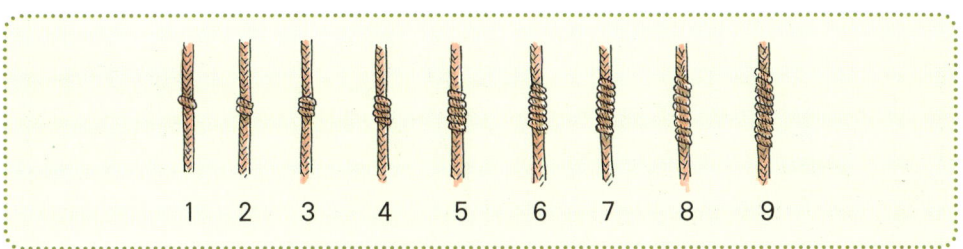

큰 수는 아래와 같은 방법으로 표시했어요.

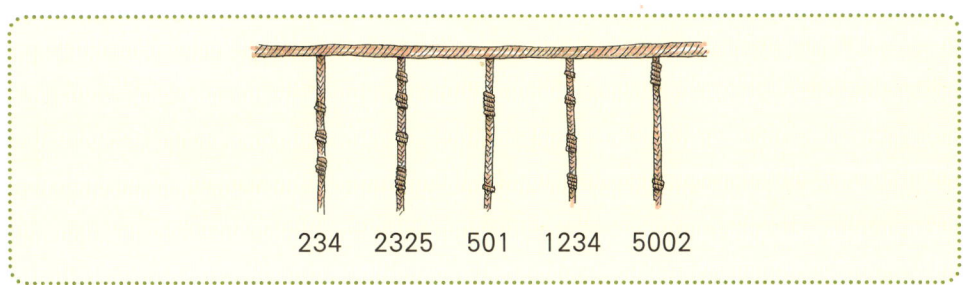

문명이 발달하면서 더 많은 사람들이 모여 살기 시작했어요. 그러자 자연스레 교환과 거래가 늘었고 수를 더하거나, 빼거나, 곱하거나, 나눌 필요가 생겼어요. 하지만 동물의 뼈에 눈금을 새기거나 끈에 매듭을 묶어 수를 표시하는 방법으로는 계산을 할 수 없었어요.

 '계산하다(calculate)'의 유래

'계산하다'라는 뜻의 영어 단어는 calculate(컬큐레이트)예요. 이 단어는 라틴어 calculus(칼쿨루스)에서 왔는데, '조약돌'이라는 뜻이에요.

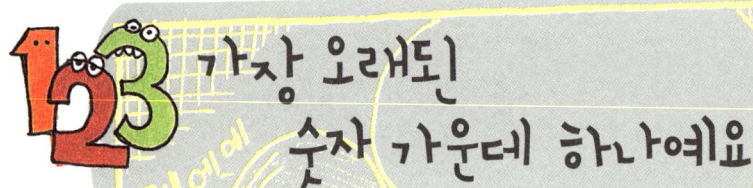 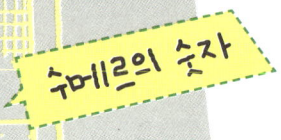

메소포타미아의 티그리스 강 근처에 엔코라는 농부가 살고 있었어요.

"올해는 밀 농사도 잘되고 가축도 많이 늘었군. 곧 부자가 되겠어."

엔코는 싱글벙글 웃으며 가벼운 발걸음으로 곡식 창고로 향했어요. 그런데 이게 웬일이에요? 창고 문은 활짝 열려 있고 염소 여러 마리가 창고 안을 헤집고 다니는 게 아니겠어요? 그때 대장장이 카오가 창고 안으로 급히 뛰어들며 말했어요.

"이런! 잠깐 볼 일 보러 간 사이에 염소들이 창고 안으로 들어왔나 보네."

카오는 지난번에 엔코에게 빌려 간 염소 12마리를 돌려주러 온 것이었어요. 엔코는 선반 위에서 동그랗게 생긴 점토판을 꺼내 왔어요.

"어디 보자. 염소가 1, 2, 3……. 정확히 12마리 맞군."

카오가 염소 12마리를 돌려주고 돌아가자, 이번에는 같은 마을에 사는 농부 갈롯이 찾아왔어요.

"아이고, 올해 농사를 망쳐서 그러는데, 밀 좀 빌려 줄 수 있나?"

엔코는 갈롯에게 밀 5자루를 건네주었어요. 그리고 새로운 점토판 위에 갈대로 숫자를 새겨 넣었지요.

"자넨 여전히 꼼꼼하군. 매번 잊지 않고 점토판에 새겨 두니 말일세."

"갈롯, 그나저나 빌려 간 곡식은 언제 다 갚을 텐가? 저기 좀 보게."

엔코가 가리킨 구석 자리에는 갈롯이 곡식을 빌려 갈 때마다 새겨 둔 점토판이 산처럼 쌓여 있었어요. 갈롯은 부끄러워 얼굴을 들지 못했답니다.

기원전 3000년경, 오늘날의 이라크 땅에 수메르 사람들이 도시 국가를 세웠어요. 그 후 농업이 발달하면서 경제 활동도 활발해졌지요. 그러다 보니 수를 나타내고 기록하는 방법이 크게 발달하면서 숫자가 탄생했어요. 인류 역사상 가장 오래된 숫자 가운데 하나인 수메르의 숫자가 생겨난 거예요.

수메르 사람들은 점토판 위에 갈대로 글을 쓴 다음 그것을 말려서 기록으로 남겼어요. 점토는 주변에서 쉽게 구할 수 있고, 마르면 딱딱해지기 때문에 기록으로 남기기 좋았어요.

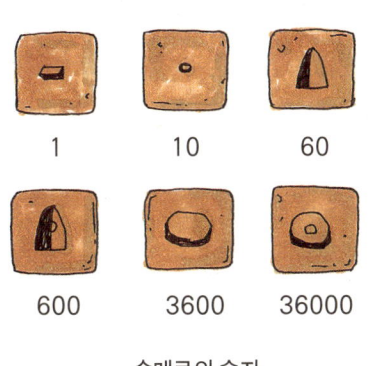

수메르의 숫자

숫자를 발명하기 전에도 인류는 눈금을 새기거나 매듭을 묶는 등 다양한 방법으로 수를 표시해 왔어요. 하지만 불편한 점이 많았지요. 그런데 숫자가 탄생하고 나서는 수를 표시하는 게 무척 간편해졌어요. 예를 들어 36000이라는 큰 수도 수메르 숫자를 쓰면 아주 간단하게 표시할 수 있었답니다.

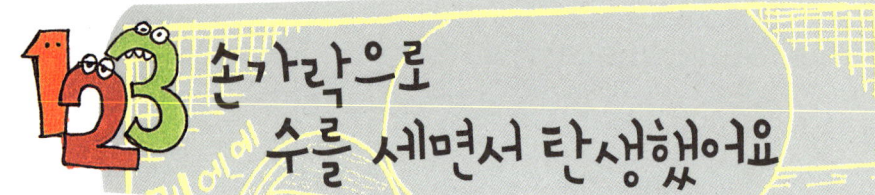
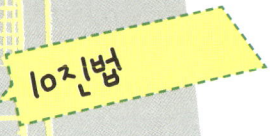

"꼬마야, 너 몇 살이니?"

놀이터에서 놀던 달봉이는 귀여운 꼬마에게 물었어요. 아직 말을 할 줄 모르는 어린아이는 가만히 웃으면서 손가락 3개를 폈지요. 3살이라는 뜻이에요.

이처럼 어린아이들이 수를 나타내거나 계산을 할 때 손가락을 사용하는 것을 흔히 볼 수 있어요. 수백, 수천 년 전의 문명을 유지하고 있는 원주민들 가운데에는 지금도 손가락을 사용해서 수를 세는 경우가 많대요. 이것을 통해 옛날 사람들도 손가락을 써서 수를 세었을 거라고 추측해 볼 수 있지요.

학자들은 글자도 없고 숫자도 없던 시절, 이렇게 열 손가락을 이용해서 수를 세다가 10진법*이 생겨났다고 말해요. 10진법이란 수의 자리가 왼쪽으로 하나씩 올라감에 따라 자릿값이 10배씩 커지는 진법을 말해요.

그림에서 숫자 1, 2, 3, 4, 5는 저마다 자릿값이 달라요. 만약 이 숫자들의 자릿값이 모두 같다면, 가장 큰 수는 5이고 가장 작은 수는 1일 거예요. 하지만 여기서는 1이 5개의 숫자 가운데 자릿값이 가장 크기 때문에 가장 큰 수예요. 이 숫자는 다른 방법으로 아래와 같이 표시할 수 있지요.

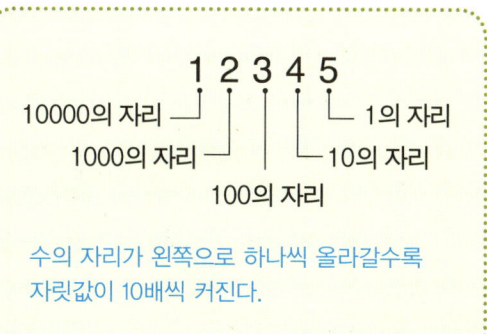

수의 자리가 왼쪽으로 하나씩 올라갈수록 자릿값이 10배씩 커진다.

$$12345 = 1 \times 10000 + 2 \times 1000 + 3 \times 100 + 4 \times 10 + 5 \times 1$$

10진법은 세계에서 가장 널리 쓰이는 진법이에요. 우리는 10진법을 이용해 물건을 세거나 계산을 하고, 수학 문제를 풀지요. 0, 1, 2, 3, 4, 5, 6, 7, 8, 9의 10개의 숫자와 자릿수의 개념을 이용하면 계산을 쉽게 할 수 있고, 제아무리 큰 수라도 손쉽게 표시할 수 있어요.

 진법

수를 표기하는 기수법(기호를 사용하여 수를 나타내는 방법) 가운데 하나예요. 2진법*, 5진법*, 10진법 등이 있지요.
진법은 몇 개를 한 묶음으로 하느냐에 따라 달라지는데, 2개를 한 묶음으로 하면 2진법, 5개를 한 묶음으로 하면 5진법이에요. 60개를 한 묶음으로 하면 60진법인데, 예를 들어 1시간은 60분이고, 60분씩 지날 때마다 1시간, 2시간, 3시간이 되므로 시간은 60진법을 사용하고 있는 거예요.

 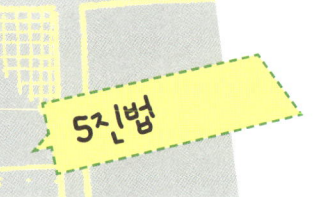

다섯 개씩 묶어서 세면 편리해요

5진법

남아메리카의 한 마을에서 루이 족장이 마을 사람들을 모아 놓고 말했어요.

"내 딸 타냐를 결혼시키려고 한다. 나는 능력 있는 사위를 얻고 싶다."

루이 족장은 대결을 통해 사윗감을 선발하려고 했어요.

"산 정상에 있는 바구니를 빨리 가져오는 사람과 내 딸을 결혼시키겠다."

루이 족장의 말이 끝나자, 마을에서 건장하기로 소문난 우반과 카투카가 자리에서 벌떡 일어났어요.

"저희 둘이 대결하겠습니다."

우반과 카투카는 곧장 산으로 달려갔어요. 해 질 무렵이 되자, 바구니를 등에 멘 우반과 카투카의 모습이 보였어요. 그런데 우반과 카투카가 누가 먼저랄 것도 없이 동시에 도착하는 바람에 승패를 가릴 수 없었어요.

"둘 다 동시에 돌아왔으니, 두 번째 대결을 하겠다. 가져온 바구니 안에는 열매가 가득 들어 있다. 열매가 모두 몇 개인지 빨리 센 사람이 승자다."

우반과 카투카는 서둘러 열매를 셌어요. 그러나 열매가 워낙 많다 보니 수가 헷갈려서 자꾸 처음부터 다시 세야 했어요.

그때 깡마른 체구의 바룬이 한 손을 내밀며 앞으로 나섰어요.

"제가 이 다섯 손가락을 이용하여 수를 세어 보겠습니다."

바룬은 열매 1개에 왼손가락을 1개씩 접으면서 셈을 하였어요. 왼손가락을 전부 접으면 작은 돌을 1개씩 가져다 놓았지요. 이 방법으로 바룬은 열매의 수를 정확히 세어 보였지요.

그러자 루이 족장은 흡족한 얼굴로 승자를 발표했어요.

"내 딸 타냐와 결혼할 사람은 바룬이다."

힘이 센 우반과 카투카가 아닌 현명한 바룬을 사윗감으로 고른 거예요.

바룬이 열매 5개를 셀 때마다 작은 돌로 1개씩 표시했는데, 이것이 바로 5진법을 사용한 거예요.

10진법이 정착되기 전, 그러니까 아주 먼 옛날에는 5진법을 사용하는 부족들이 있었어요. 실제로 지금도 아프리카의 한 부족은 5진법을 쓰고 있대요. 5를 '손 하나', 10을 '손 둘'로 세지요.

5진법은 어떤 장단점이 있을까요? 5진법은 5개의 숫자만 외워서 사용하면 되니까 어떻게 보면 10진법보다 더 쉬울 수도 있어요. 하지만 5진법은 숫자의 단위가 너무 작아서 큰 수를 표현할 때는 10진법보다 복잡하답니다.

 **5진법의 예**

투표에서 득표수를 기록할 때 5를 나타내는 正(바를 정)자를 써요.

 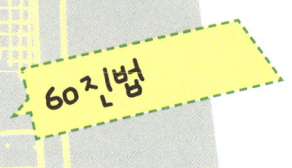

바빌로니아 사람들은 60진법을 썼대요

19세기에 고고학자들이 메소포타미아에서 약 50만 개의 점토판을 찾아냈어요. 점토판에는 바빌로니아의 문자가 새겨져 있었는데, 발굴 당시에는 아무도 이 문자의 뜻을 몰랐어요. 수십 년 후, 연구를 거듭하며 차차 문자를 해석할 수 있었지요. 점토판 가운데 약 300개는 수학과 관련된 내용이라고 해요.

그 내용을 해석해 본 결과, 바빌로니아 사람들의 수학 실력이 상당한 수준이었다는 것을 알 수 있었어요. 또한 60진법*이 이미 오래 전부터 사용되었다는 것도 확인되었지요.

60진법은 60을 한 묶음으로 하여 자리를 올려 가는 진법이에요. 그런데 60진법은 숫자가 너무 많다 보니 계산이 무척 복잡했어요. 심지어 수학 문제를 풀 때

참고해야 하는 숫자 점토판까지 따로 있었대요. 이렇게 복잡하니 바빌로니아에서는 높은 관료나 소수의 지식인들만이 수학을 할 수 있었을 거라고 해요.

그렇다면 바빌로니아 사람들은 어째서 복잡한 60진법을 사용했을까요? 그 이유는 아직 정확히 밝혀지지 않았어요. 단지 일부 학자들에 따르면, 1년이 약 360일이라는 데서 원의 중심각*을 360°로 정했고, 원을 6등분하면 그 중심각이 60°이기 때문에 60진법을 사용하게 되었다고 해요.

바빌로니아 사람들이 사용한 60진법은 후에 아라비아를 거쳐 유럽에까지 퍼져서 16세기에는 복잡한 천문학과 수학 계산에도 사용되었어요. 우리가 사용하는 '1시간은 60분'이라는 단위와 '원의 중심은 360°'라는 각도의 단위 또한 바빌로니아의 전통을 이어받은 것이지요.

60진법은 다소 복잡하긴 하지만 장점이 있어요. 60진법을 사용하면 10진법을 쓸 때보다 나눗셈이 쉬워요. 예를 들어, 10은 약수(나누어떨어지는 수)*가 2, 5밖에 없기 때문에 2와 5로 나누었을 때에만 나누어떨어져요. 반면 60은 2, 3, 4, 5, 6, 10, 12, 15, 20, 30 등 약수가 많지요. 따라서 10진법보다 나누어떨어질 확률*이 높아지기 때문에 나눗셈이 훨씬 간편해요.

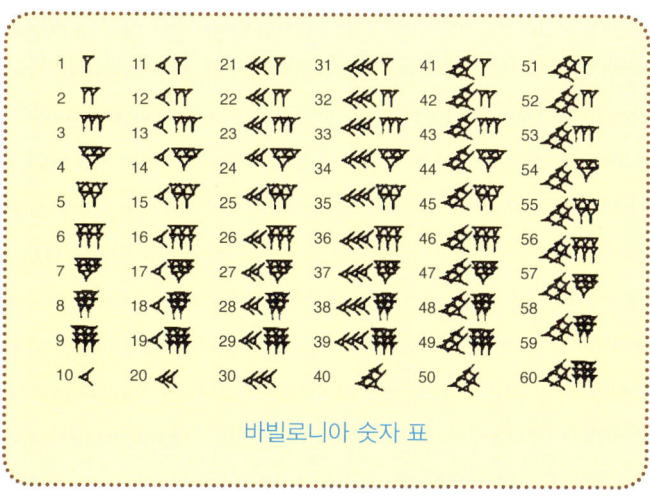

바빌로니아 숫자 표

 ## 사물의 모양을 보고 만들었어요

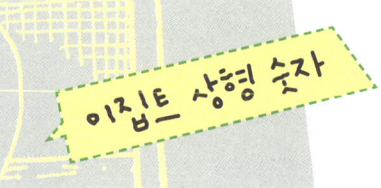
이집트 상형 숫자

피라미드 건설이 한창인 고대 이집트에서 있었던 일이에요.

어느 날 한 병사가 다급하게 감독관을 찾아왔어요.

"큰일 났습니다! 일꾼들이 너무 지쳐서 더 이상 작업이 힘들 것 같습니다."

"뭐라고? 큰일이구나. 어서 일꾼들에게 양파를 가져다주어라! 양파를 먹으면 기운을 찾아서 일을 계속할 수 있을 것이다."

"그런데 양파를 몇 개나 가져올까요?"

감독관은 병사에게 파피루스를 건네며 말했어요.

"여기에 병사 수에 따라 양파를 얼마나 지급해야 하는지 적혀 있다. 꼼꼼히 따져 보고 정확히 가져오도록 해라!"

병사는 감독관이 준 파피루스를 들고 창고로 달려갔어요. 잠시 후, 그는 수레에 양파를 가득 싣고 돌아왔지요. 감독관은 파피루스에 적혀 있는 내용과 병사가 가져온 양파의 개수를 따져 보더니 벌컥 화를 냈어요.

"아니! 양파를 너무 많이 가져오지 않았느냐? 양파는 귀한 식재료이거늘!"

"감독관님 죄송합니다. 사실 저는 숫자를 읽지 못합니다. 그래서 제가 대충 짐작하여 가져왔습니다. 용서해 주십시오."

"뭐라고? 그럼 진작에 숫자를 모른다고 말했어야지!"

감독관은 병사에게 숫자를 가르쳐 주었고, 병사는 그 숫자대로 양파를 다시 가져왔어요. 덕분에 일꾼들은 양파를 먹고 기운을 낼 수 있었어요.

고대 이집트 사람들은 사물이나 동물의 모양을 본떠 만든 상형 문자를 사용했는데, 숫자 또한 문자와 마찬가지로 사물의 모양을 본떠서 만들었어요.

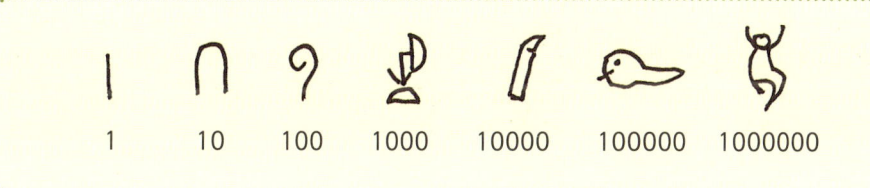

위 그림에서처럼 숫자 1은 나무 막대기 하나, 10은 말발굽 또는 뒤꿈치 뼈의 모양을 보고 만들었어요. 숫자 100은 밧줄을 본떠서 만들었는데, 당시에 땅을 재던 밧줄의 매듭이 100개가 기본이었기 때문이라고 해요. 숫자 1000은 이집트에서 흔히 볼 수 있는 연꽃에서 본떴고, 1000000은 너무 큰 수에 놀라 양손을 하늘로 치켜든 사람의 모습을 본떠 만들었어요.

 피라미드와 양파

고대 이집트에서는 실제로 피라미드를 지을 때 일꾼들에게 양파를 먹였대요. 양파가 고된 노동을 견딜 수 있는 강한 체력의 비결이었지요.

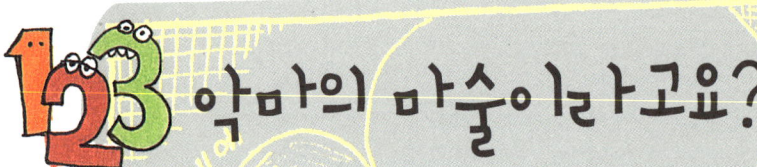

14세기 초, 유럽의 어느 마을에서 한 청년이 상인들을 불러 모으고 있었어요.

"오늘 밤 저희 집에 오세요. 반드시 비밀리에 와야 합니다."

그날 밤, 청년의 집에 많은 상인들이 모였어요. 청년의 손에는 이슬람의 수학자인 알 콰리즈미가 쓴 책이 들려 있었지요.

"아라비아에서는 우리보다 훨씬 편리한 숫자를 씁니다. 이 숫자를 알면 지금보다 훨씬 쉽게 계산을 할 수 있습니다!"

청년은 칠판에 1, 2, 3, 4, 5, 6, 7, 8, 9, 0을 순서대로 썼어요.

"이 10개의 숫자를 사용하면 아무리 큰 수라도 간단하게 표현할 수 있습니다. 예전처럼 많은 숫자들을 전부 다 외워서 쓰지 않아도 됩니다."

"아니, 그게 말이 되오? 고작 10개의 숫자로 어떻게 큰 수를 쓴단 말이오?"

청년의 말에 한 상인이 비웃듯이 말했어요.

"자릿수의 원리를 이용하면 됩니다. 예를 들어 1의 자리, 10의 자리, 100의 자리가 있는데 자릿수는 왼쪽으로 갈수록 10배씩 커집니다. 똑같은 5라도 10의 자리에 쓰면 50, 1000의 자리에 쓰면 5000이 되는 거지요."

그뿐만이 아니었어요. 청년은 아라비아 숫자와 자릿수의 원리를 이용해 덧셈과 뺄셈은 물론 곱셈과 나눗셈까지 손쉽게 계산해 냈어요.

"아니, 이럴 수가! 마치 마술 같다!"

그 전까지 곱셈이나 나눗셈 같은 계산은 일반 사람들이 하기에는 무척 어려워서 전문가들만이 할 수 있었거든요.

그때였어요. 갑자기 문이 벌컥 열리더니, 분노에 찬 성직자와 병사들이 들이닥쳤어요.

"여러분, 악마의 꾐에 넘어가지 마십시오. 이 계산 방식을 가르치고 배우는 사람은 모두 화형에 처해야 합니다."

병사들은 청년과 상인들을 모두 붙잡아 밖으로 끌고 나갔어요.

인도-아라비아 숫자는 현재 우리가 사용하고 있는 숫자예요. 인도에서 발명했고 아라비아 상인들이 유럽에 전파했으며 차츰 전 세계로 퍼져 나가 널리 쓰이게 되었지요.

그런데 인도-아라비아 숫자는 처음 유럽에 전해졌을 때 많은 탄압을 받았어요. 당시 유럽의 지도층인 교회와 성직자들이 기독교가 아닌 다른 종교를 믿는 사람들이 쓰는 숫자를 인정하지 않았거든요. 심지어 인도-아라비아 숫자로 하는 계산은 악마의 마술이라며, 이를 가르치고 배우는 사람들을 화형시켜야 한다고 주장하는 사람들도 있었지요. 그러다가 16세기에 이르러서야 그 편리성과 우수성을 인정받아 비로소 유럽에서 널리 쓰이게 되었답니다.

인도-아라비아 숫자의 변신

처음 인도-아라비아 숫자가 탄생했을 때는 지금과 생김새가 무척 달랐어요. 또 인도의 땅덩어리가 무척 넓다 보니 지역마다 숫자의 생김새가 조금씩 달랐지요. 인도-아라비아 숫자가 처음 유럽에 등장했을 때는 다음과 같았어요.

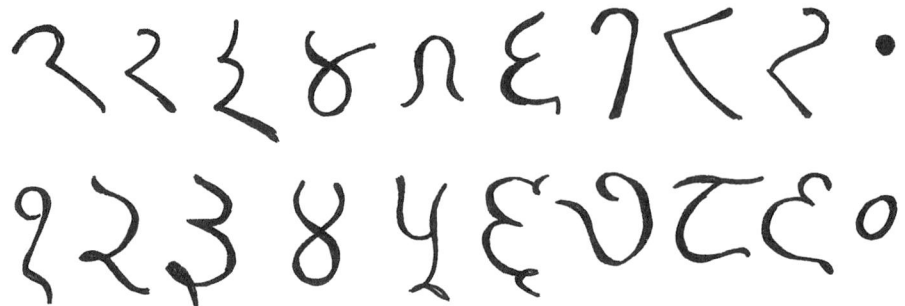

그러다가 시간이 흐르면서 현재와 비슷한 모습으로 변하게 되었지요. 아래는 15세기 무렵, 유럽 사람들이 사용했던 인도-아라비아 숫자의 생김새예요.

로마 숫자

인도-아라비아 숫자가 유럽에 들어오기 전, 대부분의 유럽 사람들은 로마 숫자를 사용했어요. 로마 숫자는 지금도 사용되고 있는데, 시계를 보면 쉽게 찾아볼 수 있지요.

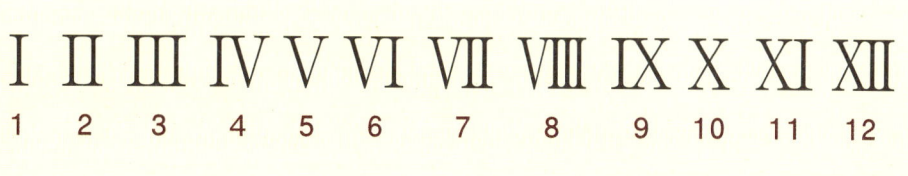

큰 수는 오른쪽과 같이 써요.

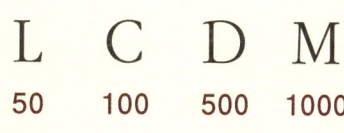

한자 숫자

중국, 한국, 일본 등 한자 문화권에서 사용하고 있어요.

큰 자릿수는 오른쪽과 같이 써요.

가장 위대한 숫자의 탄생

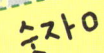

숫자 0

아주 먼 옛날 인도에서 있었던 일이에요. 더운 여름 날, 카샤네 가족은 숲으로 소풍을 갔어요. 숲 입구에 다다르자, 푯말 하나가 세워져 있는 것이 보였어요.

> 이 숲에는 코끼리 2 마리가 살고 있으니, 조심하시오.

"코끼리 2마리쯤이야."

대수롭지 않게 여긴 카샤네 가족은 흥겹게 노래를 부르며 숲 속으로 향했어요. 시원한 나무 그늘 아래에 자리 잡은 카샤네 가족은 도시락을 나누어 먹으며 즐거운 한때를 보냈지요.

그런데 갑자기 천둥 같은 소리와 함께 땅이 흔들리더니, 숲 안쪽에서 코끼리 무리들이 우르르 달려오는 게 아니겠어요?

"뭐야? 코끼리가 2마리가 아니고 20마리였어?"

카샤네 가족은 젖 먹던 힘을 다해 달아났어요.

왜 이런 일이 일어났을까요? 1, 2, 3, 4, 5, 6, 7, 8, 9, 0 가운데 0은 가장 나중에 생겨났어요. 그래서 0이 없었을 때는 해당 자릿수를 비워 두었어요. 예를 들어 2013은 2와 13 사이에 공간을 두고 '2 13'과 같이 표시한 것이지요. 따라서 옛 인도 사람들은 2013인지 213인지 헷갈리는 경우가 종종 있었을 거예요. 한참 뒤에야 그 빈 공간을 표시하기 위해 0이 탄생했지요. 약 6세기 초의 일이에요. 그런데 이 당시 0은 작은 동그라미 모양으로 지금과는 모습이 무척 달랐어요. 그러다 세월이 흐르면서 마침내 지금의 '0'의 모습이 된 것이지요.

0은 처음에는 수로 인정받지 못했어요. 단지 빈 자리를 메우기 위한 기호일 뿐이었지요. 그러다 6세기 말에 '없음'을 나타내는 하나의 '수'로 인정받게 되었어요. 그리고 어떤 수에 0을 더하면 어떤 수 자신이 되고, 어떤 수에 0을 곱하면 항상 0이 된다는 사실을 발견한 때부터 0은 무척 중요한 수가 되었어요. 또 0 덕분에 자릿수의 원리에 따라 숫자를 표시할 수 있게 되었지요. 결과적으로 인도-아라비아 숫자가 그 편리함을 인정받아 전 세계로 퍼져나갈 수 있었던 것은 0이 있었기 때문이에요. 따라서 0은 가장 위대한 숫자예요.

 다양하게 사용되는 0

없음을 나타내는 0 : 통장에 돈이 하나도 없을 때, 잔액을 0으로 표시해요.
시작점을 나타내는 0 : 달리기 경기를 할 때 출발선의 지점을 0m로 표시해요.
양수와 음수를 가르는 기준점 0 : 0보다 큰 수인 양수(+1, +2, +3, …)와 0보다 작은 수인 음수(-1, -2, -3, …)를 이야기할 때, 0은 양수와 음수를 구분하는 기준점이에요.

1000은 우리말로 '즈믄'이에요

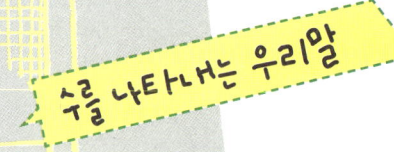
수를 나타내는 우리말

　신라 경덕왕 때, 희명이라는 여인이 살고 있었어요. 희명에게는 아이가 하나 있었는데, 다섯 살 때 두 눈이 멀고 말았지요.
　희명은 눈 먼 아이를 안고 분황사로 찾아가, 천수대비 관음 벽화 앞에 무릎을 꿇었어요.
　"자, 노래를 불러라."
　희명은 아이가 다시 눈을 뜨길 바라는 간절한 마음을 담아 지은 노래를 아이에게 부르게 하였어요.
　"즈믄 손에, 즈믄 눈을, 하나를 놓고 하나를 덜어서 둘이 다 없는 나이니, 하나야 그윽이 고쳐 주십시오."

아이가 노래를 부를 때, 희명은 그 옆에서 끝없이 절을 하며 온 마음으로 빌었어요.

"엄마, 보여요! 앞이 보여요!"

그 순간 아이의 눈이 번쩍 뜨였어요. 자식에 대한 어머니의 지극한 정성에 하늘이 감동한 것이랍니다.

이 이야기는 《삼국유사》에 실려 있는데, 희명이 지은 노래가 〈천수대비가〉이지요.

노래 가사 가운데 '즈믄 손, 즈문 눈'이라는 대목이 나오는데, '즈믄'은 천(1000)을 나타내는 우리말이에요. 따라서 '즈믄 손, 즈믄 눈'은 '1000개의 손, 1000개의 눈'을 뜻하지요. 노랫말을 풀이해 보면 천수대비가 지닌 1000개의 눈 가운데 하나만 내놓아 두 눈이 먼 나를 고쳐 달라는 뜻이에요.

즈믄이라는 단어는 옛말이지만 현대에도 쓰이고 있어요. 새 천년이 시작된 2000년 1월 1일에 태어난 아이를 우리말로 '즈믄둥이'라고도 표현하거든요. 즈믄 말고도 백(100)을 나타내는 우리말이었던 '온'도 지금까지 쓰이고 있어요. '온 마음', '온 힘', '온 누리' 등에서 '모든'이라는 의미로 쓰이고 있지요.

이 외에도 숫자를 나타내는 우리말로는 1을 나타내는 '하나', 10을 나타내는 '열', 10000을 나타내는 '드먼', 10의 40제곱을 나타내는 '잘' 등이 있답니다.

 큰 수를 나타내는 말

항하사 : 10의 52제곱. 인도의 갠지스 강변의 모래알 수라는 뜻이에요.
불가사의 : 10의 64제곱. 도저히 생각할 수 없는 일을 '불가사의'라고 해요.
무량대수 : 10의 68제곱. 상상할 수 없을 만큼 큰 수라는 뜻이에요.
구골 : 10의 100제곱. 지금까지 알려진 가장 큰 수의 단위예요.

2

계산은 이렇게 발전했대요

분수 • 수학 기호의 탄생 • +−×÷의 탄생 • 미지수 'x' • 거듭제곱
소수 • 가우스의 덧셈법 • 구구단 • 《구장산술》속 분수
《구장산술》속 방정식 • 산가지 • 파스칼린

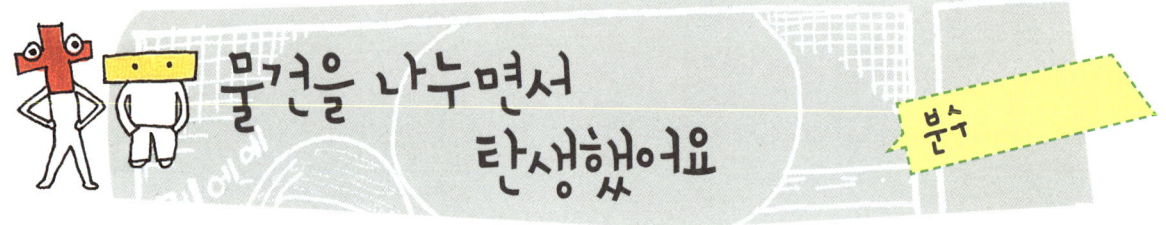

물건을 나누면서 탄생했어요

분수

　고대 이집트에 가난한 농부가 살았어요. 날이 저물자 농부와 농부의 아내, 3명의 아이들이 식탁에 모여 앉았어요. 식탁에는 빵 2개가 달랑 놓여 있었지요.

　"밀가루가 다 떨어져서 빵을 2개밖에 만들지 못했어요. 저는 괜찮으니 당신과 아이들이 나눠 드세요."

　농부의 아내는 애써 배고픔을 참으며 남편에게 말했어요.

　"나도 배가 안 고프오. 얘들아! 너희끼리 나눠 먹으렴."

　농부가 주린 배를 부여잡고 말하자 아이들이 고개를 절레절레 흔들었어요.

　"그러지 말고 우리 사이좋게 똑같이 나눠 먹어요."

　그리하여 5명의 농부 가족은 빵 2개를 똑같이 나누어 먹기로 했어요.

"2개의 빵을 각각 반으로 자르면 모두 4조각이 되니까, 1명은 못 먹겠지? 그렇다면 1개는 반으로 잘라 2조각으로 만들고, 나머지 1개는 3조각으로 자르면 어떨까?"

농부의 제안에 농부의 아내가 말했어요.

"그러면 크기가 다르잖아요. 이렇게 하면 어때요? 2개의 빵을 각각 3조각으로 나누면 빵이 모두 6조각이 되니까 일단 1조각씩 먹자고요."

5명의 가족은 빵 1개의 $\frac{1}{3}$ 조각씩을 나눠 먹었어요. 그러자 빵 1개의 $\frac{1}{3}$ 조각이 남았지요. 농부는 이 빵 조각을 다시 5조각으로 잘랐어요. 빵 1개의 $\frac{1}{3}$ 조각을 다시 5조각으로 나누었으니 $\frac{1}{15}$ 의 조각으로 나눈 셈이에요.

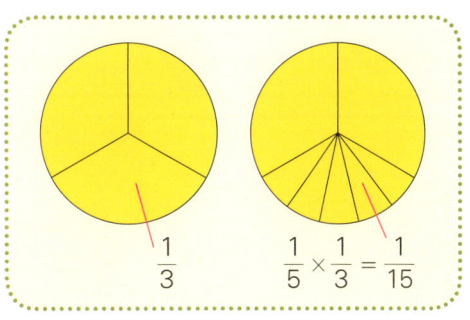

농부의 가족은 비록 배는 부르지 않았지만 행복하게 저녁 식사를 마쳤답니다.

분수는 언제 생겨났을까요? 숫자를 만들어 쓰기 시작한 무렵에 분수도 이미 만들어졌어요. 분수는 나눗셈을 하는 과정에서 생겨났지요. 수학책 《린드 파피루스》를 보면 고대 이집트 사람들이 어떻게 분수 계산을 했는지 알 수 있어요.

그런데 이집트에서 사용한 분수는 지금 우리가 사용하는 분수와는 약간 달랐어요. 모든 분수의 분자를 1로만 나타냈거든요. 예를 들어 농부의 가족처럼 2개의 빵을 5명이 나눠 먹을 때, 우리는 간단하게 $\frac{2}{5}$ 라고 쓰지만, 고대 이집트에서는 $\frac{1}{3} + \frac{1}{15}$ 이라고 썼답니다.

 《린드 파피루스》

기원전 1650년 무렵 이집트 사람 아메스가 기록한 책이에요. 지금까지 알려진 것 가운데 가장 오래된 수학책으로, 도형, 분수, 수열 등 고대 이집트의 수학 지식을 알 수 있어요. 헨리 린드라는 골동품 수집가가 발견했다고 해서 《린드 파피루스》라는 이름이 붙었어요.

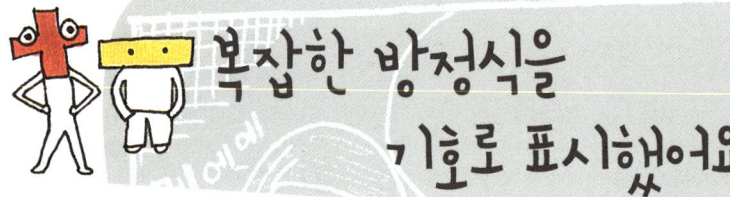
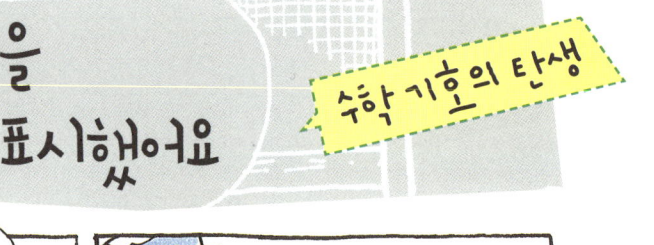

복잡한 방정식을 기호로 표시했어요

수학 기호의 탄생

"우리 스승님은 처음으로 수학에 기호를 쓰셨습니다. 복잡한 방정식*을 기호로 표현하면 답을 찾기가 훨씬 쉬워집니다."

제자는 수학자 디오판토스를 자랑스럽게 소개했어요. 하지만 사람들은 대수롭지 않다는 표정을 지어 보였지요.

"됐다, 그만두어라. 여러 가지 기호를 만들어 식을 간단하게 표현하는 데 성공했건만, 그리스에서는 나의 기호들을 받아들이려 하지 않는구나."

디오판토스는 어두운 낯빛으로 깊은 한숨을 내쉬었어요.

세월이 흘러 어느 날, 디오판토스는 제자들을 모두 한자리에 불러 모아 말했어요.

"이제 떠날 때가 왔다. 내가 죽거든 나의 묘비에 이렇게 새기도록 해라."

디오판토스가 마지막으로 제자들에게 부탁한 묘비명은 다음과 같았어요.

"디오판토스는 그의 일생 가운데 $\frac{1}{6}$을 소년으로, $\frac{1}{12}$을 청년으로, 그 후 $\frac{1}{7}$을 독신으로 보냈다. 결혼하여 5년 후에 아이가 태어났으며, 그 아이는 디오판토스보다 4년 먼저 세상을 떠났다. 즉, 아버지 수명의 절반밖에 살지 못하였다."

수학자답게 자신의 일생을 수학 문제로 묘비에 남긴 거지요.

인류 최초로 수학 기호를 만든 사람은 그리스의 수학자 디오판토스예요. 물론 현재 우리가 쓰고 있는 수학 기호와는 무척 다르게 생겼지요. 당시 그리스 사람들은 디오판토스의 발명을 대수롭지 않게 여겼어요. 하지만 그의 발명은 수백 년이 흐른 16세기에 와서 유럽 수학자들에게 큰 영향을 끼쳤답니다.

기호가 없었을 때는 어떻게 수학 문제를 풀었을까요? 고대 이집트 사람들이나 바빌로니아 사람들은 수학식을 모두 문장으로 풀어서 썼어요. 수학 문제가 간단하면 별로 상관없지만, 문제가 길고 복잡할 경우 굉장히 번거로웠어요.

예를 들어, "길이가 똑같은 막대들이 여러 개 있다. 이 막대들을 사용해서 정사각형 1개와 정삼각형 1개를 만들었더니 두 도형의 둘레의 합이 38이다. 그렇다면 막대 1개 길이는 얼마인가?" 같은 문제를 볼까요? 이 문제를 기호를 써서 표현하면 "$4x+3x=38$(x는 막대의 길이)"이 되어요. 정말 간단해지지요. 따라서 수학에서 기호가 발명된 건 아주 중요한 일이에요.

 디오판토스는 몇 살까지 살았을까?

디오판토스의 묘비에 새겨진 글을 방정식으로 나타내면 다음과 같아요.
디오판토스의 나이 = x
$$\frac{1}{6}x + \frac{1}{12}x + \frac{1}{7}x + 5 + \frac{1}{2}x + 4 = x$$

(정답 : 84)

 ## 사칙 연산을 기호로 나타냈어요

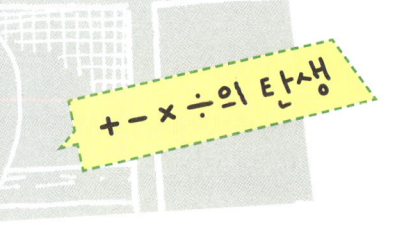
+ − × ÷의 탄생

우리가 가장 많이 쓰는 사칙 연산* 기호인 더하기(+), 빼기(−), 곱하기(×), 나누기(÷) 기호는 어떻게 탄생했을까요?

13세기 이탈리아의 수학자 레오나르도 피사노는 '7 더하기 8'을 '7 et 8'로 썼어요. et(에트)는 '그리고, ~와'라는 뜻의 라틴어이지요. 아마 et를 빠르게 쓰다가 +모양으로 바뀌었을 거라고 해요.

et → *et* → ㅈ → ㅈ → ㅈ → t → +

+가 가장 처음으로 쓰인 곳은 수학자 비트만이 쓴 산술책이었어요. 이 책에는 −도 등장하지요. −는 +와 마찬가지로 라틴어에서 유래했다고 알려져 있어요. '모자라다'는 뜻의 라틴어 minus(미누스)의 약자 −m에서 −만 떼어 쓰다가 굳어졌다고 해요.

$$minus \rightarrow -m \rightarrow -$$

그런데 비트만이 쓴 산술책에 처음 등장한 +와 −는 오늘날 우리가 쓰는 덧셈, 뺄셈 기호와 모양은 같지만, 그 의미는 달랐어요. 덧셈과 뺄셈의 의미가 아니라 +는 '넘치다', −는 '부족하다'는 뜻으로 쓰였지요.

곱셈 기호 ×는 1631년 영국의 수학자 윌리엄 오트레드가 쓴 《수학의 열쇠》라는 책에 처음 등장해요. 초기의 ×는 십자가를 비스듬히 눕혀 만든 모양이었는데 지금보다 훨씬 크기가 작았어요. 그런데 알파벳 x와 모양이 비슷해서 혼동이 잦았기 때문에 지금처럼 모양이 바뀌었어요.

나눗셈 기호 ÷는 스위스 수학자 요한 하인리히 란이 1659년에 처음 사용하기 시작했어요.

÷의 가로 막대 사이에 있는 두 점은 숫자를 상징해요. 예를 들어 2÷9는 분수 $\frac{2}{9}$로 나타내는데, 여기서 2와 9를 점으로 나타내면 ÷와 비슷해지지요.

 ### 등호(=)의 발명

=는 두 수 또는 두 식이 서로 같음을 의미할 때 사용하는 기호예요. 영국의 수학자 로버트 레코드가 발명했는데, 덧셈, 뺄셈 기호보다 훨씬 나중에 탄생했지요. 레코드는 왜 등호의 기호로 =를 사용했을까요? 그것은 '이 세상에 두 개의 평행선보다 더 같은 것은 없다.'는 생각에서 나온 것이라고 해요. =는 처음에는 지금보다 훨씬 길이가 길었는데, 세월이 흐르면서 점점 짧아져서 현재 우리가 쓰는 모양이 되었어요.

인쇄업자가 정했어요

미지수 'x'

"휴, 이제야 완성했군."

프랑스의 수학자이자 철학자인 데카르트는 1637년 드디어 《기하학》의 집필을 끝마쳤어요. 《기하학》은 그가 수학적 재능을 모두 쏟아부어 완성한 책이에요. 데카르트는 설레는 마음으로 원고를 들고 인쇄소를 찾아갔어요.

"역사에 길이길이 남을 대단히 중요한 책이니 잘 부탁합니다."

"걱정하지 마십시오, 선생님. 최고의 품질로 만들어 드리겠습니다."

인쇄업자가 자신에 차서 대답하자 데카르트는 안심하고 원고를 맡기고 집으로 돌아왔어요. 하루라도 빨리 인쇄된 책이 나오길 손꼽아 기다리며 하루하루를 보냈지요.

그러던 어느 날, 인쇄업자가 데카르트의 집으로 찾아왔어요.

"다름이 아니라 활자로 원고를 짜다 보니 점점 활자가 동이 나서요. x 활자가 많이 남았는데, 원고에 나오는 미지수를 이 활자로 써도 괜찮을지 여쭈어 보러 왔습니다."

인쇄업자는 난감한 표정을 지어 보이며 자신이 처한 상황을 데카르트에게 설명했어요.

"무엇이든 괜찮습니다. x 활자를 써도 됩니다."

데카르트는 선뜻 허락했어요. 인쇄업자는 그제야 안심을 하고는 다시 작업장으로 돌아왔어요. 작업대 위에는 작업 하다 남은 활자들이 어지러이 놓여 있었지요.

"다행이군. 이제 해결되었어."

인쇄업자는 비교적 여분이 많은 x 활자를 미지수로 정하여 책을 찍어 냈답니다. x는 단어에서 잘 쓰이지 않는 글자였기 때문에 여분이 많았던 거예요.

'미지수'란 무엇일까요?

"아이가 자라면서 키가 얼마나 클지는 미지수다."

"경기에서 누가 이길지는 미지수다."

위 예문에 나오는 미지수는 '아직 알지 못하는 앞일'을 의미해요. 수학에서의 미지수는 '아직 알지 못한 수'를 뜻하지요. 예를 들어 $\square+3=5$, $x\times7=21$, $30\div y=2$ 라는 식이 있을 때, 여기서 $\square$, x, y가 모두 미지수예요.

미지수로 가장 많이 쓰이는 기호는 x예요. 데카르트의 책에서 처음 쓰인 이후 널리 퍼져 나갔지요. 물론 그 이전에도 미지수가 있었지만, 문장으로 표현되었거나 수학자들마다 각기 다른 기호를 사용했답니다.

엄청나게 불어난 밀알의 수

거듭제곱

먼 옛날, 인도에서 있었던 일이에요. 당시 인도를 다스리던 왕은 전쟁을 아주 좋아했어요. 백성들은 연이은 전쟁 때문에 고통스러워했지요. 이에 신하인 세타는 왕을 위해 장기를 발명했고, 장기에 푹 빠진 왕은 전쟁을 그만두고 장기에만 몰두했어요.

어느 날 왕은 세타를 불러 말했어요.

"세타, 너에게 상을 내리고자 한다. 무엇이든 원하는 것을 말해 보아라."

세타는 잠시 생각에 잠겼어요.

"폐하, 장기판에는 64개의 칸이 있습니다. 첫째 칸에 밀 1톨, 둘째 칸에는 그 2배인 2톨, 셋째 칸에는 2톨의 2배인 4톨, 넷째 칸에는 4톨의 2배인 8톨······.

이렇게 그 앞칸에 놓인 밀알의 2배만큼 밀알을 놓는 방식으로, 64개의 칸에 밀알을 채워 주십시오."

왕은 세타가 참으로 욕심이 없다고 생각했어요.

"하하하, 겨우 장기판에 밀을 1톨, 2톨, 4톨, 8톨……. 원하는 만큼의 금화를 주려 했거늘, 할 수 없지. 내 너의 소원을 들어주겠다."

왕은 호언장담을 했어요.

그런데 다음 날 아침, 학자들이 왕에게 급히 달려왔어요.

"폐하, 세타가 원하는 밀알의 수를 계산해 보았습니다. 그랬더니 그 수가 너무나 커 폐하께서는 세타에게 약속한 밀을 줄 수가 없습니다. 왕실의 곡식 창고뿐 아니라 나라의 모든 곡식 창고를 털어도 세타가 원하는 만큼의 밀을 주기에는 부족합니다."

"아니, 그게 정말이냐? 도대체 그 수가 얼마란 말이냐?"

놀란 왕은 자리에서 벌떡 일어났어요.

"그 수는 자그마치 18446744073709551615톨이옵니다."

왕은 밀알 1톨에서 시작한 것이 이렇게 엄청난 수가 되리라고는 꿈에도 생각하지 못했답니다.

똑같은 수를 계속하여 곱하는 것을 거듭제곱이라고 해요. 2를 1회 제곱한 수(2^1)부터 63회까지 거듭제곱한 수(2^{63})를 모두 더한 다음 처음 1톨까지 더한 수가 황제가 세타에게 줘야 하는 밀알의 수이지요.

$1+2^1+2^2+2^3+2^4+ \cdots\cdots\cdots +2^{63}$

= 18446744073709552000 (약 1,845경)

이것이 얼마나 어마어마한 양이냐 하면 지구 전체에서 생산되는 밀을 수백 년 동안 모아야 하는 양이에요. 세타는 거듭제곱의 대단함을 알고 있었던 거지요.

이자를 쉽게 계산하기 위해 태어났어요

소수

16세기, 네덜란드의 시몬 스테빈은 군대에서 군자금을 관리하는 일을 했어요. 그런데 스테빈은 언제나 골치가 아팠어요. 은행에서 빌린 돈을 이자와 함께 갚아야 했는데, 이자 계산이 무척 복잡했어요. 당시만 해도 소수가 없어서, 이자율을 분수로 계산해야 했거든요.

이자가 빌린 돈의 $\frac{1}{10}$일 때는 간단했어요. 예를 들어, 10000굴덴(옛 네덜란드의 화폐 단위)을 빌렸을 때는 이자가 1000굴덴이라는 것을 금방 알 수 있었어요. 하지만 이자가 $\frac{1}{11}$이나 $\frac{1}{12}$일 때는 계산이 무척 복잡했지요.

그러던 어느 날, 스테빈에게 좋은 생각이 떠올랐어요.

"이자의 분모를 10, 100, 1000 등 10의 거듭제곱으로 바꾸면 이자 계산이 훨씬 쉬워지겠군. $\frac{1}{11}$은 $\frac{9}{100}$과 거의 같으니까 $\frac{9}{100}$로 바꾸고 $\frac{1}{12}$은 $\frac{8}{100}$로 바꾸는 거야."

이렇게 분모를 10의 거듭제곱으로 바꾸니 이자 계산이 훨씬 쉬워졌어요. 그런데 분모가 10의 거듭제곱인 분수라도 두 분수의 크기를 비교할 때 분모가 다르면 어느 쪽이 큰 수인지 한눈에 보이지 않았어요. 예를 들어 $\frac{3241}{10000}$과 $\frac{25764}{100000}$ 가운데 어느 쪽이 더 큰 수인지 헷갈렸지요. 그래서 분수를 다음과 같은 방식으로 바꿔 쓰기로 했어요.

$$\frac{3241}{10000} \rightarrow 3⓪2①4②1③ \qquad \frac{25764}{100000} \rightarrow 2⓪5①7②6③4④$$

"흠, 이렇게 바꾸어 쓰니 비교가 무척 편하군. 한눈에 보이는걸."

이렇게 해서 소수가 탄생하게 되었답니다. 그런데 스테빈의 소수는 오늘날과 모습이 달랐어요. 현재와 같이 점을 찍어 소수를 표시하는 방법은 17세기 영국의 수학자 네이피어가 발명했지요.

소수와 분수는 매우 가까운 사이예요. 분수를 10진법의 원리로 나타낸 것이 소수이지요. 따라서 분수는 소수로, 소수는 분수로 바꿀 수 있어요. 분수의 분모가 10의 거듭제곱일 때는 쉽게 소수로 바꿀 수 있어요. 만약 분모가 10의 거듭제곱이 아니라면 분모를 10의 거듭제곱으로 바꾸면 되지요. 예) $\frac{4}{5} = \frac{8}{10} = 0.8$

반대로 소수를 분수로 바꿀 때는 분모가 10의 거듭제곱인 분수로 고친 다음, 분자와 분모를 약분*하여 기약분수*로 나타내면 돼요. 예) $0.5 = \frac{5}{10} = \frac{1}{2}$

분수를 소수로 바꾸면 두 수를 비교하기가 수월해요. 반면 분수는 나누어떨어지지 않는 수를 표현하기에 좋지요. 예를 들어 1을 3으로 나눈 값을 소수로 표현하면 0.3333333…으로 계속 이어지지만, 분수로 바꾸면 $\frac{1}{3}$로 간단하게 나타낼 수 있어요.

눈 깜짝할 새 1부터 100까지 더했어요

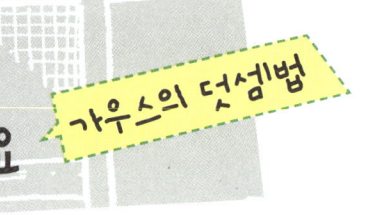
가우스의 덧셈법

18세기 독일의 어느 학교의 수학 시간이었어요.

"자, 복잡한 문제를 하나 낼 테니 차근차근 풀어 보아라."

선생님은 칠판에 '1부터 100까지 차례로 더하시오.'라는 문제를 적었어요. 학생들은 난감한 표정을 지어 보이며 한숨을 쉬었지요.

'문제를 푸는 데 시간이 좀 걸리겠지? 그동안 좀 쉬어야겠군.'

선생님은 의자에 앉아 문제를 풀고 있는 학생들을 찬찬히 둘러보았어요. 그때였어요. 갑자기 한 학생이 손을 번쩍 들고 자리에서 벌떡 일어났어요.

"벌써 문제를 푼 것은 아닐 테고, 화장실에 가고 싶은 거니?"

"아니요, 문제를 다 풀었어요."

"문제를 다 풀었다고? 벌써 말이냐?"

"네, 답은 5050입니다."

선생님은 깜짝 놀랐어요. 엄청 빨리 문제를 푼 데다가 답도 정확했기 때문이지요. 선생님은 답을 맞힌 학생에게 다가가 책상 위를 살펴보았어요.

"계산한 흔적도 없는데, 어떻게 벌써 답을 구했지?"

선생님의 물음에 학생은 차근히 대답했어요.

"1+100=101, 2+99=101, 3+98=101, 4+97=101, … 47+54=101, 48+53=101, 49+52=101, 50+51=101 이에요. 이렇게 짝 지은 수들의 합은 101이고, 모두 50개 있으니까 101×50= 5050이에요."

선생님은 열 살밖에 안 된 어린 학생의 설명에 입을 다물 수가 없었어요.

"이렇게 간단하게 계산하다니! 너는 수학의 천재로구나."

이 학생이 바로 독일의 수학자 가우스랍니다.

가우스는 어렸을 때부터 수학에 뛰어난 재능을 보였어요. 열 살이었던 가우스가 선생님이 낸 문제의 답을 빨리 구할 수 있었던 것은 1에서 100까지의 수를 일일이 더하지 않고 자신만의 기발한 방법으로 계산을 했기 때문이에요. 이처럼 어릴 적부터 수학에 뛰어났던 가우스는 수학뿐만 아니라 물리학, 천문학에도 위대한 업적을 많이 남겼어요. 가우스는 아르키메데스, 뉴턴과 더불어 역사상 가장 위대한 수학자 3인 중의 한 사람으로 칭송을 받고 있답니다.

 수학의 왕 가우스

가우스는 약 50년 동안 독일 괴팅겐 대학에서 수학과 천문학을 가르쳤어요. 가우스가 78세 나이로 세상을 떠나자 왕은 그의 죽음을 슬퍼하며 기념 화폐를 만들었어요. 그 화폐에는 '하노버의 왕 조지 5세가 수학의 왕에게'라고 새겨져 있었지요. 그 뒤로 사람들은 가우스를 '수학의 왕'이라고 불렀다고 합니다.

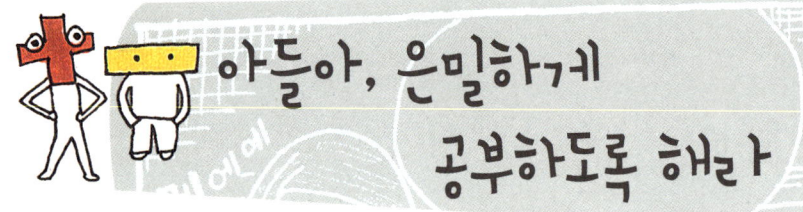

신라 시대, 아버지와 아들이 방 안에서 서로 얼굴을 마주 보고 말 없이 앉아 있었어요. 시끌시끌하던 밖이 조용해지자 아버지가 입을 열었어요.

"환아, 이제 너도 어른이 되었으니 구구단을 외워야 하느니라. 자, 나를 따라 외워 보아라."

아버지의 말에 아들은 긴장된 얼굴로 고개를 끄덕였어요.

"자, 9단부터 외우기 시작한다. 구구 팔십일, 구팔 칠십이, 구칠 육십삼."

귀를 쫑긋 세우고 듣던 아들은 쩌렁쩌렁한 목소리로 크게 외쳤어요.

"구구 팔십일, 구팔 칠십이, 구칠 육십삼."

우렁찬 소리에 깜짝 놀란 아버지는 아들의 입을 급히 막았어요.

"쉿! 누가 듣기라도 하면 어쩌려고 그러느냐? 구구단은 밖으로 새어 나가서는 안 된다."

그렇게 아버지와 아들의 구구단 외우기는 밤새도록 계속되었어요.

며칠 후, 아들은 장터에 나가게 되었어요. 마침 생선 가게 앞을 지나는데, 생선이 무척 싱싱해 보였지요.

"고등어와 굴비가 참 먹음직스럽게도 생겼군. 한 손에 얼마요?"

"고등어는 3푼이고, 굴비는 4푼입니다요."

"음, 그럼 고등어 3손과 굴비 2손 주시오. 그럼 내가 얼마를 주면 되겠소?"

생선 장수는 바로 대답하지 못하고, 손가락을 꼽으며 계산했어요. 하지만 무언가 헷갈렸는지 여러 번 계산을 하면서도 연신 고개를 갸우뚱했지요.

"주인장, 뭘 그리 뜸을 들이시오? 1돈하고 7푼이지 않소."

"어떻게 계산을 그리 빨리하십니까요?"

"삼삼은 구, 이사 팔이지 않소. 합하면 17. 그러니까 1돈하고 7푼이지."

생선 장수는 여전히 아들의 말을 알아듣지 못하였고, 아들은 그런 생선 장수를 뒤로 한 채 장터 밖으로 유유히 사라졌답니다.

우리나라는 신라 시대에 이르러 체계적인 수학 교육이 시작되었어요. 그때 이미 중국에서 전해진 구구단이 있었지요.

그런데 구구단을 배운 사람은 어린아이가 아닌 어른이었고, 귀족이나 왕실 사람들만 배울 수 있었다고 해요. 구구단을 알면 큰 이득이었기 때문에 마치 보물이라도 되는 것처럼 소수의 사람들이 비밀리에 알고 있었지요. 심지어 일반 사람들이 구구단을 어렵게 느끼도록 하기 위해 지금처럼 2단부터 외우지 않고 9단부터 거꾸로 외웠다고 해요. 이처럼 9단부터 외웠기 때문에 구구단이란 이름이 붙여졌답니다.

 # 고려 사람들도 분수 계산을 했대요

《구장산술》 속 분수

"올해에는 반드시 과거에 급제해서 관리가 되고 말 거야."

현동이는 졸린 눈을 비비며 《구장산술》을 펼쳤어요. 낮이고 밤이고 《구장산술》을 좔좔 외우면서 거기에 나와 있는 문제들을 풀어 보았지요.

"열심히 공부했으니까 이번엔 잘 볼 수 있을 거야. 그런데 왜 이렇게 떨리지?"

현동이는 떨리는 마음을 애써 진정시키며 시험장으로 들어갔어요. 시험장에는 사람들이 북적거렸고, 저마다 공부했던 것을 외워 보기도 하고 책을 읽기도 하면서 시험이 시작되기를 기다렸지요.

잠시 후, 시험이 시작되자 시험관이 한 사람씩 차례대로 불렀어요. 이윽고 현동이의 차례가 되었고 현동이는 여섯 명의 시험관 앞에 공손하게 앉았어요.

"《구장산술》 제9장 10조를 외워 보시게."

관리가 엄격한 말투로 현동이에게 첫 번째 문제를 내었어요. 현동이는 심호흡을 크게 한번 쉬고는 자신 있는 목소리로 《구장산술》 제9장 10조를 외우기 시작했어요. 시험관들은 흡족한 표정으로 현동이를 바라보았지요.

하지만 시험은 이것으로 끝난 게 아니었어요. 시험은 총 3번에 걸쳐 진행되는데, 둘째 날에는 《구장산술》의 다른 부분을 암기할 수 있어야 하고, 셋째 날에는 수학 문제를 직접 풀어야 했지요. 이 날에는 총 6문제가 나오는데, 그중 4문제 이상을 맞혀야 시험에 통과가 되었어요.

현동이는 둘째 날 시험도 무사히 합격했어요. 마침내 마지막 시험 날, 시험관이 문제를 공개했어요.

"가로가 $\frac{4}{7}$보, 세로가 $\frac{3}{5}$인 밭이 있다. 이 밭의 넓이*를 구하라."

이 문제는 《구장산술》에 나와 있는 분수 문제였어요. 문제를 본 현동이는 잠시 고민하더니 막힘 없이 술술 답을 적어 내려갔어요.

과연 현동이는 고려의 관리가 될 수 있을까요?

고려 왕조에 대한 기록 《고려사》에는 수학과 관련된 관직을 뽑을 때, 《구장산술》로 시험을 보았다는 기록이 남아 있어요. 《구장산술》에는 분수에 관한 문제와 그 풀이 방법도 상세히 적혀 있어요. 이걸 보아 고려 시대 사람들이 분수의 개념을 알고 있었고 분수를 계산할 수 있었다는 것을 알 수 있지요. 이뿐만 아니라 《구장산술》에는 부피*를 구하고 방정식을 푸는 문제들도 있었답니다.

중국의 수학책으로 삼국 시대에 우리나라로 전해져 조선 시대까지 우리나라 수학에 큰 영향을 끼쳤어요.

볏단을 얼마나 주어야 할까요?

《구장산술》 속 방정식

한 마을에 사는 칠성이, 오삼이, 동팔이는 의리로 똘똘 뭉친 삼총사였어요. 그런데 추수를 끝낸 들녘에서 칠성이와 오삼이가 옥신각신 싸우고 있지 뭐예요. 영문을 모르는 동팔이는 두 친구에게 다투는 이유를 물었어요.

"지난봄에 내가 칠성이한테 쌀 18말을 꾸었거든. 그런데 아직 벼를 털지 못해서 볏단째 갚으려고 하는데 말이야……."

오삼이가 설명을 마치기도 전에 칠성이가 끼어들었어요.

"그런데, 오삼이가 벼 1단에서 쌀이 얼마나 나올지도 모르면서 나한테 볏단을 너무 많이 주려고 하지 뭐야."

칠성이는 꾸어 준 쌀보다 더 많이 주려는 오삼이에게 미안했던 거예요.

"그럼 벼를 턴 마을 사람들한테 벼 1단에서 쌀이 얼마나 나왔는지 물어보자."

동팔이는 칠성이와 오삼이를 데리고 마을 사람들을 찾아갔어요.

"이삭이 잘 여문 상등 벼로 2단, 그럭저럭 여문 중등 벼로 2단, 제대로 여물지 않은 하등 벼로 2단을 털었더니 쌀 40말이 나왔어."

돌쇠가 말했어요.

"나는 상등 벼 1단, 중등 벼 1단, 하등 벼 2단을 털었더니 22말밖에 안 나왔지 뭐냐."

떡분네 아줌마가 말했어요.

"나는 상등 벼 1단, 중등 벼 2단, 하등 벼 2단을 털었더니 32말이 나왔단다."

김 서방이 대답했어요.

동팔이는 돌쇠, 떡분네 아줌마, 김 서방의 말을 듣더니 산가지를 꺼내 셈을 하기 시작했어요. 그러더니 잠시 후, 칠성이와 오삼이를 보고 말했어요.

"오삼이가 칠성이에게 상등 벼로 1단, 중등 벼로 1단을 주면 돼. 그럼 칠성이는 오삼이에게 꾸어 준 쌀 18말을 돌려받게 되는 거야."

"우와, 대단해!"

칠성이와 오삼이는 동팔이의 계산 실력에 깜짝 놀랐답니다.

동팔이는 미지수가 3개인 연립방정식*의 문제를 푼 것이었어요. 실제로 이 문제는 《구장산술》 제8장 '방정' 편에 나와 있어요.

옛날 우리 조상들은 방정식을 푸는 것을 '천원술'이라고 했어요. '천원'이란 태극을 상징하는데, 하늘과 땅이 형성되기 이전 혼돈 상태에 있는 만물의 근원을 뜻하는 말이에요. 방정식을 푼다는 것은 혼돈 상태에 빠진 만물의 근원이 되는 미지수를 푼다는 뜻이지요. 《구장산술》을 보면 방정식을 풀 때 산가지로 계산했다고 해요.

 # 우리 조상들이 사용했던 편리한 계산기

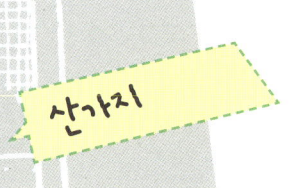
산가지

배 서방과 이 서방은 마을에서 손꼽히는 농사꾼이었어요. 하루는 배 서방이 이 서방을 찾아왔어요.

"이보게, 누가 더 올해 배추 농사를 잘 지었는지 견주어 보겠는가?"

"좋네. 그럼 각자 거둬들인 배추를 가지고 내일 장터에서 보세."

이 서방은 배 서방의 제안에 선뜻 응했어요.

다음 날, 배 서방과 이 서방은 각자 거둬들인 배추를 가지고 장터에서 만났어요. 그들의 대결은 금세 소문이 나서 수많은 구경꾼들이 모여들었지요.

"이번 대결은 배추를 더 많이 거둬들인 쪽이 승자입니다. 자, 그럼 지금부터 배추의 개수를 세어 봅시다."

심판으로 나선 채소 장수 김 서방은 원통에서 대나무로 만든 작은 막대들을 꺼냈어요.

"저 나무 막대는 뭐지?"

구경하던 사람들은 처음 보는 물건을 보고 웅성거렸어요.

"이 막대는 산가지라는 것인데, 계산할 때 쓰는 것이오."

김 서방은 배추를 세면서 요란하게 산가지들을 움직였어요. 휙휙 어찌나 빨리 계산을 하는지, 구경꾼들도 덩달아 신이 났지요. 이윽고 김 서방은 배 서방과 이 서방의 배추더미 앞에 각각 산가지를 놓았어요. 배서방의 배추 앞에는 ‖≡Ⲧ, 이 서방의 배추 앞에는 ‖≡‖ 모양으로 산가지를 놓았지요.

"결과가 나왔소이다. 배 서방의 배추는 257포기, 이 서방의 배추는 242포기요. 따라서 배 서방의 배추가 이 서방의 배추보다 15포기 더 많소이다."

"야호, 내가 이겼다. 다들 봤지요? 내 배추가 더 많다오."

사람들은 환호성을 지르는 배 서방을 제쳐 두고 산가지로 수를 센 김 서방에게 모여들었어요.

"김 서방, 산가지로 어떻게 계산을 하는 거요? 방법 좀 알려 주시오."

사람들은 김 서방을 둘러싸고 산가지 계산법을 알려 달라고 졸라 댔답니다.

산가지로 수를 세거나 계산을 하는 것을 '산가지 셈'이라고 해요.

산가지는 대개 대나무로 만들어 주머니나 통에 넣어 두고 썼어요. 자릿수에 따라 산가지를 세로와 가로로 번갈아 놓으며 표시를 했는데, 1, 100, 10000의 자리는 세로로 놓고 10, 1000, 100000의 자리는 가로로 놓았지요.

산가지 수 표시법은 삼국 시대에 중국에서 들어와 조선 후기까지 계속 쓰였어요. 주로 상인, 수학자, 천문학자들이 널리 사용했지요.

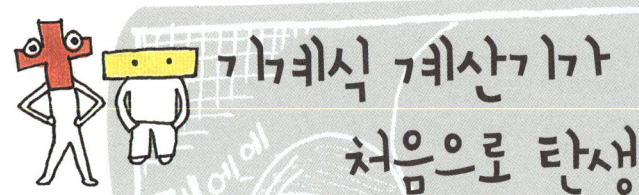

밤이 늦었는데도 아버지의 서재는 불이 환했어요.

"아버지, 어서 주무세요. 시간이 너무 늦었어요."

파스칼은 밤늦게까지 일하는 아버지가 늘 걱정이었어요. 회계사인 파스칼의 아버지는 하루 종일 수많은 계산서에 파묻혀 일만 했거든요.

"난 괜찮으니까 걱정 마라, 파스칼. 너야말로 어서 자렴."

아버지는 애써 피곤한 기색을 감추며 파스칼을 향해 미소를 지어 보였어요.

'계산을 쉽게 할 수 있는 방법은 없을까?'

열아홉 살이었던 파스칼은 어떻게 하면 아버지의 수고를 덜어 드릴 수 있을지 고민했어요.

"그래, 자동으로 계산해 주는 기계만 있으면 아버지의 수고가 줄어들 거야."

얼마 뒤 파스칼은 아버지에게 여러 개의 톱니바퀴가 달린 네모난 기계를 내밀었어요.

"파스칼, 이게 무슨 기계냐?"

"톱니바퀴 장치를 사용해서 덧셈과 뺄셈을 할 수 있는 계산기를 만들었어요. 이 계산기로 계산을 하시면 일이 훨씬 수월하실 거예요."

"아니, 이런 걸 다 만들어 내다니! 놀랍구나."

파스칼의 마음 씀씀이와 생전 처음 보는 놀라운 발명품에 파스칼의 아버지는 큰 감동을 받았답니다. 세계 최초의 기계식 계산기가 탄생한 순간이었지요.

프랑스의 수학자이자 발명가인 파스칼은 회계사인 아버지의 일을 돕기 위해 1642년에 최초의 기계식 계산기를 발명했어요. 이 계산기는 훗날 '파스칼린'이라 이름 붙여졌지요.

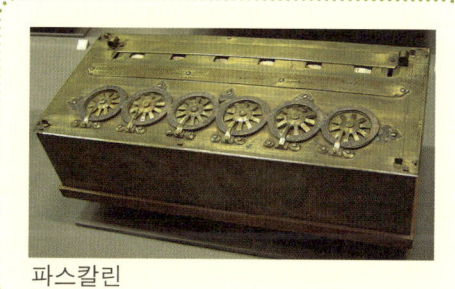
파스칼린

파스칼린은 0에서 9까지의 숫자가 톱니바퀴의 회전에 의해 돌아가면서 계산을 하는 기계예요. 당시 70대가 제조되어서 그 가운데 몇 대는 프랑스 국왕에게 바쳐졌어요. 그러나 덧셈과 뺄셈 등 단순한 계산만 가능했기 때문에 당시에는 그리 큰 주목을 받지는 못했어요. 훗날 독일의 라이프니츠가 파스칼린을 개량하여 곱셈과 나눗셈 계산이 가능한 계산기를 만들어 냈지요.

세계 최초로 기계식 계산기를 만들었던 소년 파스칼은 어릴 때부터 수학에 남다른 재능을 보였어요. 수학 천재 소년 파스칼과 관련된 일화는 다음에 더 살펴보기로 해요.

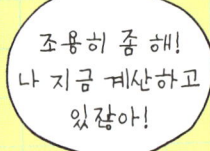

3

놀라운 도형의 세계

기하학 • 삼각형의 합동 • 삼각형과 비례식의 성질 • 피타고라스의 정리
구고현 정리 • 황금비 • 유클리드의 《원론》 • 아르키메데스와 원
원주율 I • 원주율 II • 원과 비례식 • 삼각형 내각의 합 • 원의 비밀
정육각형의 비밀 • 정육면체의 부피

새롭게 토지를 나누면서 생겨났어요

기하학

"여기까지가 내 땅이야, 내 땅."

"무슨 소리, 여기 이 나무까지가 내 땅이 맞다니까!"

진흙으로 뒤덮인 땅 위에서 두 남자가 옥신각신 다투고 있어요. 이 남자들은 왜 싸우고 있는 걸까요?

고대 이집트에서는 해마다 나일 강이 범람했어요. 이집트 사람들은 나일 강의 범람을 신의 축복으로 받아들였어요. 나일 강이 넘친 뒤에는 나일 강 주변의 땅이 비옥해졌고 농사는 더욱 잘되었지요. 하지만 한 가지 큰 문제가 있었어요. 강이 범람할 때마다 논밭의 경계가 허물어졌고, 이 때문에 농민들이 자주 다투곤 했지요.

"이번에 나일 강이 넘치는 바람에 강 주변의 토지가 물에 잠겼다고 들었다. 백성들이 어떻게 지내는지 보고하라."

이집트의 왕 파라오의 얼굴에 근심이 가득했어요.

"농토의 경계선이 없어지는 바람에 백성들은 서로 자기 땅이라고 우기며 싸움을 하고 있습니다."

신하의 대답에 파라오가 크게 화를 냈어요.

"그대들은 그것을 구경만 하고 있었느냐? 어서 빨리 대책을 세우도록 하라!"

해마다 나일 강이 범람하고 나면 이집트의 관리들은 농민들의 토지를 다시 측량해야 했어요. 당시 이집트에서는 농업이 가장 중요한 산업이었는데, 누가 얼마나 땅을 가지고 있는지 알아야 그에 맞는 세금을 매길 수 있었지요. 허물어진 농토의 경계는 직선도 있었지만 곡선도 있었어요. 그러다 보니 농토의 경계를 다시 긋는 일은 무척 어려운 일이었지요.

이처럼 경계선을 다시 긋는 과정에서 측량술이 크게 발달했어요. 그러면서 원, 삼각형, 사각형 등 도형에 대한 연구도 시작되었지요. 바로 '기하학'이 탄생한 거예요. 기하학이란 도형이나 공간의 성질에 대해 연구하는 학문이지요.

이처럼 이집트 사람들은 실제 생활에서의 필요성에 의해 기하학을 발달시켰고, 이집트의 기하학은 훗날 지중해를 건너 그리스로 전파되었어요. 그리스의 탈레스와 피타고라스는 기하학을 더욱 발전시켰답니다.

 기하학의 어원

기하학을 뜻하는 영어 'geometry(지오메트리)'는 라틴어 'geometria(지오메트리아)'에서 유래했어요. 'geo'는 토지를 뜻하고, 'metria'는 측량을 의미하지요. 이를 통해 기하학이 토지 측량에서 시작되었다는 사실을 알 수 있지요.

삼각형을 이용해 육지와 배 사이의 거리를 쟀어요

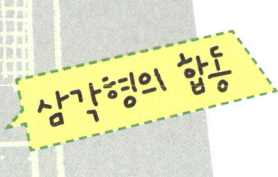
삼각형의 합동

소금을 싣고 가던 당나귀가 계속 꾀를 부리다가 탈레스에게 혼쭐이 나는 이야기는 이솝 우화에 나와요. 이것 말고도 탈레스의 현명함을 보여 주는 이야기가 몇몇 남아 있는데, 그 가운데에는 '수학자' 탈레스의 진면목을 알 수 있는 이야기도 있어요. 탈레스는 도형의 성질을 잘 알고 있었고 그것은 실생활에 잘 응용했지요.

탈레스가 어느 날 바닷가를 거닐고 있는데 저 멀리 바다에 떠 있는 배가 보였어요. 문득 탈레스는 이런 궁금증이 생겼지요.

'도형의 원리를 이용해서 육지와 배 사이의 거리를 구할 수 있을까?'

이리저리 고민을 하던 탈레스는 마침내 문제를 해결했어요. 해결의 실마리는 바로 삼각형에 있었어요. 탈레스가 어떤 방법으로 육지와 배 사이의 거리를 구했는지, 한번 알아볼까요?

탈레스는 그림과 같이 바닷가에 직선AB를 그렸어요. 그런 다음 임의의 점B로 가서 각b의 크기를 측정했어요. 그러고는 그 각과 똑같은 크기의 각b'를 만들어서 직선BC를 긋고, 다시 점A로 돌아가 직선AB와 배가 있는 점D가 수직이 되도록 직선CD를 완성시켰어요. 이때 직선AB와 직선CD가 만나는 점이 점A의 위치가 되는 거지요. 이렇게 하면 바다와 땅에 합동*인 삼각형 2개가 생겨요.

이제 배와 육지 사이의 거리를 재는 건 무척 쉬워졌어요. 땅에 있는 직선AC의 길이를 재면 직선AD의 길이 즉, 육지와 배 사이의 거리를 알 수 있지요.

이런 방법으로 탈레스는 직접 바다에 나가지 않고도 배와 육지 사이의 거리를 구할 수 있었어요. 도형의 성질을 잘 알고 있었기 때문에 가능한 일이지요.

탈레스는 이집트에서 배워 온 수학 지식을 고향 그리스로 돌아와 많은 제자들에게 가르쳤어요. 덕분에 그리스에서는 수학, 특히 기하학이 크게 발달했지요.

이집트 사람들이 실제 생활의 필요에 의해 수학을 발달시켰다면, 그리스 사람들은 수학의 보이지 않는 원리를 찾는 것을 중요하게 생각했어요. 탈레스 또한 '왜?'라는 질문을 중요하게 여기는 사람이었지요. 즉 당연하다고만 생각했던 여러 수학적 지식들을 논리적으로 해석해 냄으로써 수학에 '증명'*을 도입했어요. 이 점이 수학자 탈레스의 가장 뛰어난 업적이랍니다.

탈레스의 기하학 정리

1. 두 직선이 교차하며, 서로 마주 보는 각의 크기는 같다.

2. 두 삼각형에서 대응*하는 두 각이 서로 같고 대응하는 한 변이 서로 같으면 두 삼각형은 합동이다.

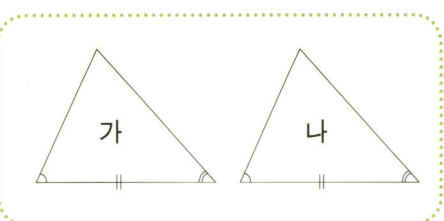

3. 두 삼각형에서 대응하는 두 변의 길이와 그 끼인각이 같으면 두 삼각형은 합동이다.

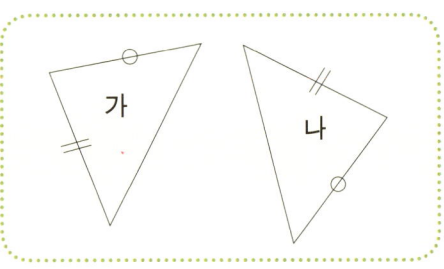

4. 이등변삼각형*의 두 밑각*은 같다.

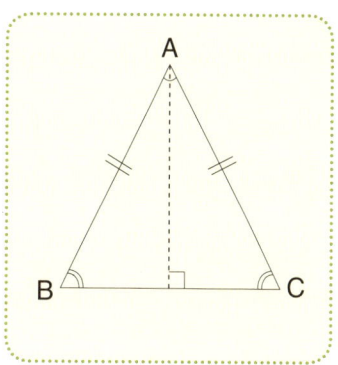

5. 삼각형의 세 꼭짓점이 원 위에 있고, 세 변 중 한 변이 원의 지름이면 그 삼각형은 직각삼각형*이다.

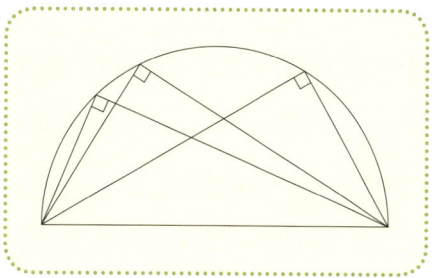

6. 원의 중심을 지나는 직선은 원을 이등분한다. 지름에 의해 나누어진 A와 B의 넓이는 같다.

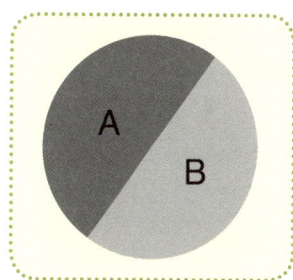

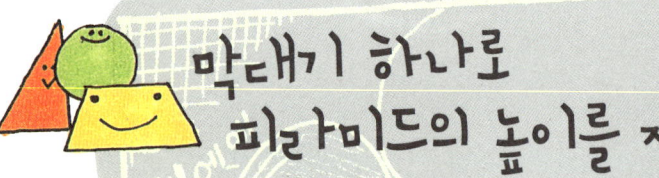
막대기 하나로 피라미드의 높이를 쟀어요

삼각형과 비례식의 성질

　이집트 사람들이 피라미드 앞으로 모여들었어요. 그들 앞에는 막대기를 든 한 남자가 서 있었지요. 그는 그리스의 수학자이자 천문학자, 그리고 철학자인 탈레스였어요.

　"탈레스, 해가 지기 전까지 피라미드의 높이를 잴 수 있다는 말이 사실인가?"
　이집트의 왕 파라오가 의심스러운 표정을 지어 보이며 물었어요.
　"그렇습니다. 제 말이 거짓이라면 어떠한 벌이라도 받겠습니다."
　탈레스는 파라오를 똑바로 바라보며 자신 있게 대답했어요.
　"피라미드는 신성한 파라오의 무덤이오. 그러니 피라미드 위로 올라가는 것은 절대 아니 되오. 자, 그럼 당장 피라미드의 높이를 재어 보시오."

이집트 왕과 사람들은 탈레스가 어떤 방법으로 피라미드의 높이를 잴지 몹시 궁금했어요. 탈레스는 막대기 하나를 들고 피라미드에서 조금 떨어진 곳으로 찬찬히 발걸음을 옮겼지요.

"잘 지켜보십시오. 이 막대기 하나로 피라미드의 높이를 재어 보겠습니다."

때마침 하늘에서는 햇빛이 내리쬐고 있었고, 피라미드 옆으로는 그림자가 드리워졌어요. 탈레스는 피라미드에서 조금 떨어진 땅에 막대기를 세웠지요.

몇 가지 계산을 해 보더니 금세 피라미드의 높이를 알아냈지요.

"막대기 하나로 이렇게 간단하게 피라미드의 높이를 알아내다니, 참으로 놀랍도다!"

파라오는 흥분을 감추지 못했답니다.

수학자 탈레스는 삼각형과 비례식의 성질*을 이용해서 피라미드의 높이를 구한 거예요. 그렇다면 비례식의 성질이란 무엇일까요?

비례식의 성질

예를 들어, 빵을 5개 만드는 데 달걀이 3개 필요해요. 그렇다면 빵 10개를 만들려면 달걀이 몇 개나 필요할까요? 간단한 문제지만 비례식의 성질로 풀어 보도록 해요.

빵 5개에 대한 달걀 3개의 비는 3:5라고 나타낼 수 있어요. 빵 10개에 대한 달걀의 개수는 아직 모르기 때문에 미지수 x 라고 할게요. 그럼 다음과 같은 식이 완성되지요.

$$3 : 5 = x : 10$$

비례식의 성질에 의해 외항의 곱은 내항의 곱과 값이 같아요. 외항이란 위의 식에서 바깥쪽에 있는 두 항 3과 10을 말하고, 내항이란 안쪽에 있는 두 항 5와 x를 가리켜요. 따라서 비례식의 성질을 이용하면 $3 \times 10 = 5 \times x$라는 식을 만들 수 있고, 빵 10개를 만들기 위해서는 달걀이 6개가 필요하다는 것을 알아낼 수 있지요.

외항
$$3 : 5 = 6 : 10$$
내항

$$3 \times 10 = 5 \times 6$$
외항의 곱   내항의 곱

탈레스도 이 방법으로 피라미드의 높이를 구했던 거예요.

탈레스는 피라미드 바로 옆에 막대기를 세웠어요. 한낮이라 피라미드와 막대기에 그림자가 생겼지요. 피라미드와 막대기의 가장 윗부분과 그림자 끝을 가상으로 연결하면 2개의 가상의 삼각형이 만들어져요. 2개의 삼각형은 크기는 서로 다르지만 각 세 변의 길이의 비는 똑같아요.

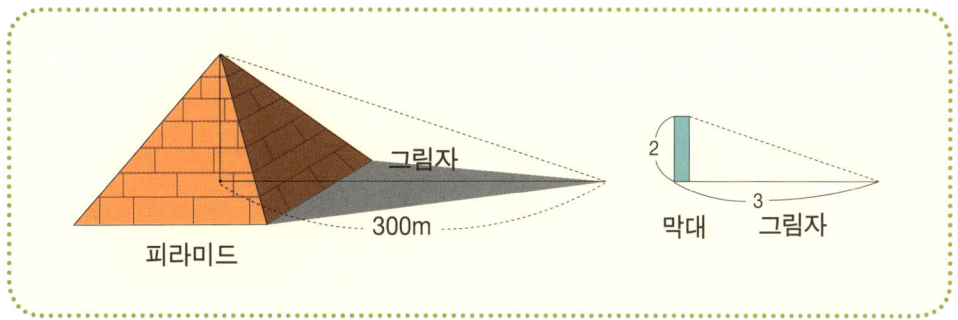

만약 피라미드의 그림자가 300m이고, 길이가 2m인 막대의 그림자가 3m라면, 두 그림자의 비율은 300:3이 돼요. 이 비는 실제 피라미드의 높이와 막대기의 길이의 비와 비의 값이 같지요. 따라서 피라미드의 높이를 미지수 x 라고 한다면 다음과 같은 식을 세울 수 있어요.

피라미드 그림자 길이 : 막대 그림자 길이 = 피라미드의 높이 : 막대의 길이

$300 : 3 = x : 2$

여기에 비례식의 성질을 적용하면 $3 \times x = 600$, $x = 200$이 돼요. 즉 피라미드의 높이는 200m인 것이지요. 이처럼 도형과 비례식의 성질을 이용하면 아무리 높은 건축물이라도 그 높이를 손쉽게 구할 수 있답니다.

 비례식

두 개의 비가 같음을 나타내는 식이다. a와 b의 비가 c와 d의 비와 같을 때 a:b=c:d로 나타낸다.

직각삼각형의 성질을 증명해 냈어요

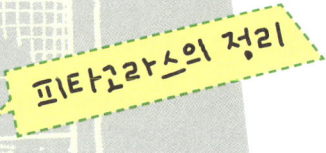
피타고라스의 정리

피타고라스는 기원전 528년경, 그리스 동쪽의 사모스 섬에서 태어났어요. 어릴 적부터 예술과 체육, 학문에 능통했던 피타고라스는 성인이 되어서는 바빌로니아와 이집트를 떠돌며 학문을 연구했어요. 60대가 되어서는 고향 사모스 섬으로 돌아왔다가 다시 이탈리아 땅으로 거처를 옮겼어요.

피타고라스에게는 한 가지 소망이 있었어요. 자신이 배우고 연구한 학문을 바탕으로 많은 제자들을 키우고 싶었지요. 하지만 이때만 해도 학자로서 잘 알려지지 않았기 때문에 그에게 가르침을 받으려는 학생이 없었어요.

"내가 배운 지식을 가르치고 싶은데, 아무도 나의 지식을 원하지 않는군."

피타고라스는 한숨을 쉬었어요. 그리고 거리로 나가 천천히 걸으며 생각에 잠졌지요. 문득 어리지만 영리해 보이는 소년이 피타고라스의 눈에 들어왔어요.

"애야, 이 돈을 줄 테니 나에게 공부를 배워 보지 않겠느냐?"

"네? 정말로 돈을 주실 건가요?"

"그래, 대신 열심히 배워야 한다."

소년은 돈을 받고 피타고라스의 제자가 되어 공부를 시작했어요. 얼마 후 돈이 떨어지자 피타고라스는 더 이상 소년을 가르칠 수가 없었어요.

"이제까지 정말 열심히 공부했구나. 이제 돈이 떨어졌으니 더 이상 너를 가르칠 수 없단다."

그러자 소년이 이렇게 말했어요.

"스승님, 제가 돈을 낼 테니 계속 가르쳐 주십시오."

학자로서 명성을 차근차근 쌓아 간 피타고라스는 피타고라스 학교를 세웠어요. 피타고라스 학교에서는 수학뿐만 아니라 철학, 자연 과학 등 폭넓은 학문을 가르치고 연구했지요. 그런데 이 학교에는 특이한 규정이 많았어요. 학교에서 공부한 내용은 외부에 비밀로 부쳐야 했고, 사람이 죽으면 동물로 다시 태어난다고 믿었기 때문에 고기를 먹지 않았어요. 또 콩을 멀리하고 빵을 통째로 뜯어 먹지 못하게 하는 등 이유를 알 수 없는 규정들이 있었지요.

당시 피타고라스와 함께 공부한 사람들의 모임을 가리켜 피타고라스학파라고 해요. 피타고라스학파는 수학을 중요하게 생각했고 수를 신성하게 여겼어요. '만물의 근원은 수'라고 믿었지요.

피타고라스가 수학 발달에 끼친 영향은 무척 많지만, 그 가운데 가장 중요한 업적은 '피타고라스의 정리'를 발견한 거예요. 그러면 피타고라스의 정리는 무엇일까요?

피타고라스의 정리

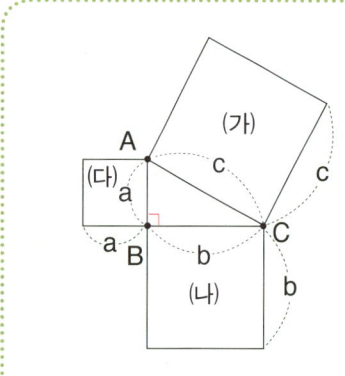

$a^2 + b^2 = c^2$

임의의 직각삼각형에서 빗변을 한 변으로 하는 정사각형의 넓이는 다른 두 변을 각각 한 변으로 하는 정사각형의 넓이의 합과 같다.

그림에서 삼각형ABC는 직각삼각형이에요. 빗변이란 비스듬히 기울어진 변으로, 직각삼각형에서는 직각을 마주 보는 변을 가리켜요. 빗변을 한 변으로 하는 정사각형을 (가), 다른 두 변을 각각 한 변으로 하는 정사각형을 (나), (다)라고 하면, 피타고라스의 정리에 의해서 '(나)의 넓이 + (다)의 넓이 = (가)의 넓이'가 되지요. ($a^2+b^2=c^2$)

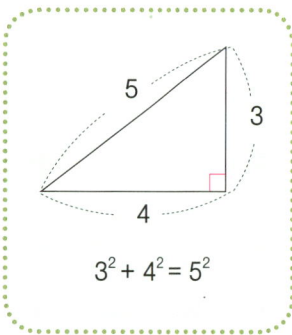

고대 이집트와 바빌로니아 사람들 또한 삼각형의 세 변의 길이의 비가 3:4:5일 때 직각삼각형이 만들어진다는 것을 알고 있었어요. 하지만 왜 그런지는 관심이 없었어요. 그저 경험을 통해 얻은 수학 지식을 실생활에 사용했을 뿐, 그것을 체계적으로 정리하지는 않았지요.

하지만 피타고라스는 달랐어요. 직각삼각형이 왜 이런 성질을 가지고 있는지 이론적으로 설명하고 밝혀냈지요. 또 각 변의 길이의 비가 3:4:5인 직각삼각형뿐만 아니라, 모든 직각삼각형에서 $a^2+b^2=c^2$이 성립한다는 것도 알아냈어요.

피타고라스가 어떻게 피타고라스의 정리를 증명했는지에 대해서는 정확한 기록이 남아 있지 않아요. 몇몇 학자들이 도형을 나누어 쪼개는 방법으로 증명했을 것이라고 추측할 뿐이지요. 그 방법은 다음과 같아요.

직각삼각형에서 직각을 낀 두 변의 길이를 a, b라 하고 빗변을 c라고 해 보아요. 한 변의 길이가 a+b인 정사각형을 두 개 그린 뒤, 이 정사각형을 그림과 같이 두 가지 방법으로 나누어요.

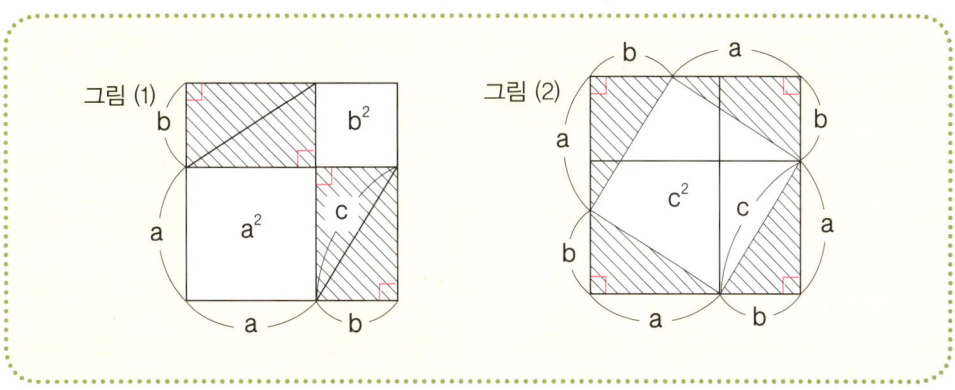

그림 (1)의 정사각형은 한 변의 길이가 a인 정사각형과 b인 정사각형, 그리고 직각을 낀 두 변이 a, b인 4개의 직각삼각형으로 나뉘어져요.

그림 (2)의 정사각형은 한 변의 길이가 c인 정사각형과 직각을 낀 두 변의 길이가 a, b인 4개의 직각삼각형으로 나뉘어져요.

그림 (1), (2)에서 공통적인 4개의 직각삼각형을 뺀 나머지 넓이는 같기 때문에, $a^2+b^2=c^2$이 성립한다는 걸 알 수 있지요.

피타고라스의 정리는 수학자를 비롯해 세계 각개 각층의 사람들에 의해 꾸준히 증명되고 있어요. 오늘날 피타고라스의 정리에 관한 증명은 약 400여 가지에 이르고 있지요. 지금 이 순간에도 많은 사람들이 새로운 증명법을 연구하고 있답니다.

동양에도 피타고라스의 정리가 있었대요

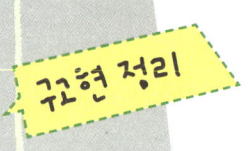
구고현 정리

신라 시대에 있었던 일이에요. 당시 국가 교육 기관이었던 국학에서는 산학 수업이 한창이었어요.

"이 책은 《주비산경》이라는 책이다. 다음번에 이것으로 시험을 볼 것이니, 자세히 읽고 오너라."

박사의 말에 제자들은 웅성거리기 시작했어요.

"《주비산경》이 뭐야?"

"산학*과 천문학을 다룬 중국의 책이라던데?"

"언뜻 들어도 엄청 어려운 책인 것 같은데 어쩌지?"

제자들은 무거운 마음으로 자리를 떠났어요.

얼마 뒤, 박사는 모여 앉은 제자들에게 물었어요.

"구고현 정리에 대해 말해 보게. 자네들이《주비산경》을 열심히 공부했다면 대답할 수 있을 걸세."

제자들은 선뜻 대답을 하지 못하고 머뭇거렸어요. 박사는 실망스런 눈빛으로 제자들을 바라보았지요. 그때 맨 뒤에 앉아 있던 앳된 얼굴의 소년이 입을 열었어요.

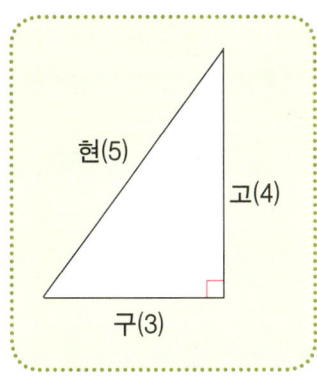

"직각삼각형에서 직각을 낀 두 변 가운데 짧은 변을 '구', 긴 변을 '고', 그리고 빗변을 '현'이라고 부릅니다. 구를 3, 고를 4라고 할 때 현은 5가 됩니다. 이것이 구고현 정리이옵니다."

"그럼 구고현 정리가 어디에 유용하게 쓰이는지 아는가?"

박사가 소년을 바라보며 다시 물었어요.

"구고현의 정리는 커다란 집을 짓거나 다리를 놓을 때, 또는 자로는 잴 수 없는 길이를 잴 때 사용합니다."

소년의 대답을 들은 박사는 그제야 얼굴빛이 환해졌어요. 박사의 질문에 제대로 대답하지 못했던 다른 제자들은 고개를 떨구었답니다.

신라 시대에 산학 교재로 쓰인《주비산경》은 중국의 가장 오래된 수학책이에요. 책이 쓰인 시기는 대략 1000년 전이라고 알려져 있지요.

《주비산경》에는 '구고현의 정리'가 쓰여 있어요. '구를 3, 고를 4라고 할 때 현은 5가 된다.'는 말이 이 책 제1편에 나와 있는데, 이는 직각삼각형의 성질을 나타내는 말로, 동양의 피타고라스의 정리라고 할 수 있어요.

《주비산경》은 우리나라에도 전해져서, 신라 시대에 교육 교재로 널리 쓰였다고 해요.

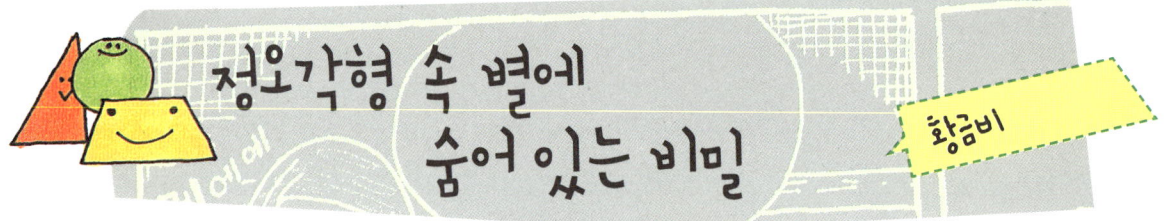

정오각형 속 별에 숨어 있는 비밀

황금비

고대 그리스에서 있었던 일이에요. 한 청년이 지친 모습으로 여관 문 앞에 서 있었어요. 여관 주인은 문을 열고 나와 청년을 맞이했지요.

"저는 여행 중에 병을 얻어 몹시 지쳐 있습니다. 게다가 이제 돈도 떨어지고 말았습니다. 나중에 갚을 테니 며칠만 쉬었다 갈 수 있게 해 주십시오."

"안색이 너무 안 좋군. 돈은 신경 쓰지 말고 어서 들어오게나."

여관 주인은 청년을 가엾게 여겨 여관에 머물도록 해 주었어요. 하지만 여관 주인의 정성 어린 보살핌에도 청년의 병은 좀처럼 나을 기색이 없었어요. 청년은 점점 나빠져만 가는 자신의 몸 상태를 알고 포기한 듯 보였지요. 그러던 어느 날 청년은 널빤지에 그림을 그려 여관 주인에게 건네며 이렇게 말했어요.

"정오각형 속에 별이 그려져 있는 이 그림을 여관 앞에 매달아 놓으면, 누군가가 제 빚을 대신 갚아 줄 것입니다."

이 말을 마지막으로 청년은 그만 숨을 거두고 말았어요.

얼마 후, 여관 앞을 지나가던 한 나그네가 문 앞에 매달아 놓은 그림을 보고 주인에게 물었어요.

"이 그림을 왜 문 앞에 걸어 놓았습니까?"

여관 주인이 죽은 청년의 이야기를 들려주자, 나그네는 청년을 대신해서 여관 주인에게 빚진 돈을 갚아 주었어요.

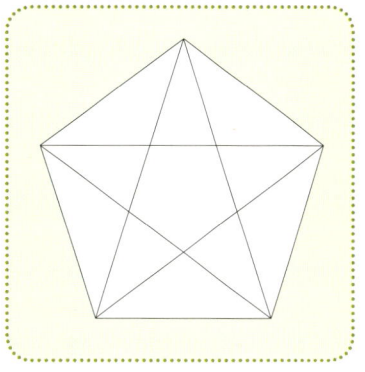

청년이 그려 주고 떠난 그림은 다름 아닌 피타고라스학파의 상징이었어요. 나그네는 그 그림을 보고 죽은 청년이 자신과 같은 피타고라스학파의 사람이란 것을 알고 돈을 대신 갚아 주었던 거예요.

보통의 정다각형은 자와 컴퍼스만으로 쉽게 그릴 수 있지만, 정오각형은 그렇지 않아요. 당시 수학자들은 눈금 없는 자와 컴퍼스만으로 정삼각형과 정사각형은 그릴 수 있었지만, 정오각형을 그리는 방법은 몰랐어요.

그런데 피타고라스는 오랜 노력 끝에 마침내 정오각형을 그리는 데 성공했어요. 게다가 정오각형의 꼭짓점을 이으면 별 모양이 된다는 새로운 사실도 알게 되었지요. 피타고라스는 정말 기쁜 나머지 정오각형 속에 별이 있는 이 그림을 피타고라스학파의 상징으로 삼았어요. 피타고라스학파 사람들은 이것을 자랑스럽게 여기고 가슴에 달고 다녔답니다.

피타고라스학파의 상징 속에 숨어 있는 황금비

피타고라스학파의 상징에는 비밀이 한 가지 숨어 있어요. 바로 '황금비'를 이루고 있다는 것이지요. 황금비란 한 선분을 둘로 나눌 때, 전체에 대한 큰 부분의 비와 큰 부분에 대한 작은 부분의 비를 같게 한 비를 말해요. 약 1:1.618의 비율을 이루는데, 이 비율이 사람 눈에 가장 이상적으로 보인다고 해요.

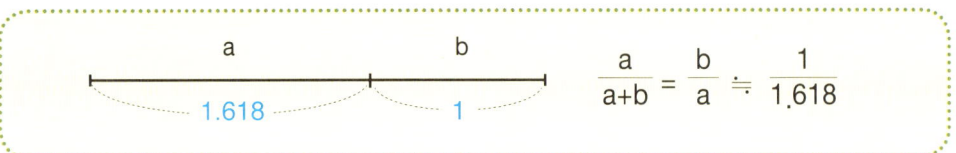

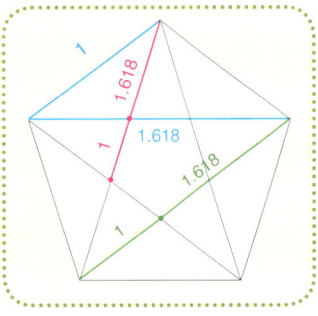

왼쪽 그림을 보면, 정오각형의 한 변과 그 대각선의 비가 약 1:1.618로 황금비를 이루고 있어요. 또한 정오각형의 대각선들은 다른 대각선에 의해 두 부분으로 나뉘는데, 이 또한 황금비를 이루고 있지요.

언제부터 황금비를 알았을까요?

고대 이집트의 피라미드에서도 황금비를 찾아볼 수 있어요. 이를 통해 사람들은 아주 오래 전부터 황금비를 알고 있었다고 추측할 수 있어요. 하지만 당시에는 수학적으로 정확히 알았던 것이 아니라 아마 감각적으로 알고 있었을 거예요.

황금비라는 명칭은 '시간이 흘러도 변하지 않고 찬란하게 빛나는 황금처럼 대단한 가치를 지닌 비율'이라고 해서 고대 그리스의 수학자 에우독소스가 처음 사용한 말이에요. 당시 그리스에서는 신전 건축이나 동상, 꽃병, 물 항아리 등 건축물과 생활용품 등을 만들 때 황금비를 사용했어요.

동양의 황금비, '금강비'

우리나라는 오래전부터 금강비를 사용해 왔어요. 금강비라는 이름은 '금강산처럼 아름다운 비율'이라는 뜻에서 붙여졌다고도 하는 사람도 있고, 가장 아름다운 보석인 다이아몬드(금강석)에서 유래되었다고 하는 사람도 있어요. 그 유래가 무엇이든 우리나라 사람들이 오랜 시간 동안 금강비를 가장 아름다운 비율로 인정해 왔던 것은 틀림없지요.

금강비는 서양의 황금비와는 비율이 조금 달라요. 약 1:1.414의 비율이지요.

금강비가 사용된 흔적은 여러 건축물들에서 찾아볼 수 있는데, 대표적으로 경주의 석굴암이 있어요. 석굴암 불상의 높이와 불상이 놓여 있는 방의 반지름을 재보면, 1:1.414로 금강비를 이루고 있어요. 이 밖에도 배흘림기둥으로 유명한 부석사의 무량수전, 신라 왕족의 놀이터로 전해지는 포석정 등에도 금강비가 사용되었지요.

오늘날의 황금비와 금강비

황금비와 금강비는 둘 다 사람들이 봤을 때 가장 안정적이고 편안하게 느끼는 비율이에요. 그래서 오늘날에도 많이 쓰이고 있지요. 황금비는 책이나 컴퓨터의 모니터, 신용카드, 텔레비전 화면 등을 만들 때 쓰여요. 금강비는 우리가 흔하게 쓰는 종이 A4용지에서 찾을 수 있는데, 가로 길이 210mm, 세로 길이 297mm로 1:1.414의 비율을 이루고 있답니다.

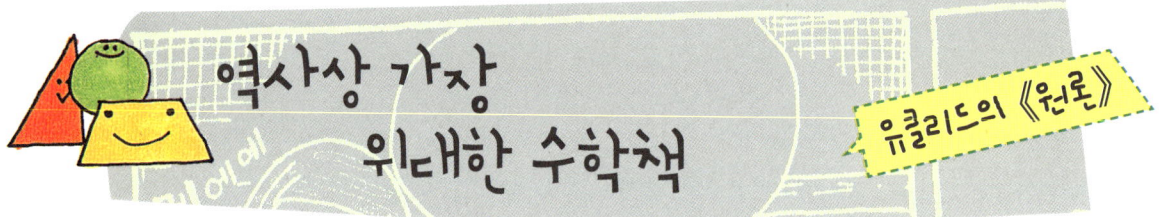

역사상 가장 위대한 수학책
유클리드의 《원론》

이집트의 프톨레마이오스 1세는 심각한 표정으로 책을 들여다보고 있었어요. 책에는 여러 도형들이 그려져 있고 글자들이 빼곡하게 적혀 있었지요. 그 책의 제목은 《원론》이었어요. 곧이어 왕 앞에 앉은 한 남자가 진지한 표정으로 기하학에 대해 설명하기 시작했어요. 하지만 내용이 무척 어려웠지요.

한참 수업을 듣던 왕은 그에게 질문했어요.

"방금 설명한 방법으로는 이해가 좀 어렵군. 좀 더 쉬운 방법은 없는가?"

"폐하, 기하학에 왕도는 없습니다."

이렇게 대답한 남자의 이름은 유클리드였어요. 왕의 수학 선생님이자 《원론》의 저자였지요. 왕도가 없다는 말은 아무리 왕이라고 해도 기하학을 배우는 데에는 일반인과 다른, 빠른 길은 없다는 뜻을 담고 있어요. 학문에 대한 유클리드의 자세를 잘 알 수 있는 대답이지요.

유클리드의 명성은 나날이 높아져 세계 각국에서 온 수많은 제자를 가르치게 되었어요. 그런데 유클리드의 제자 몇몇은 기하학이 쓸모가 없다고 생각했어요.

어느 날, 기하학 수업이 끝나자 한 제자가 유클리드에게 물었어요.

"선생님, 이것을 배워서 무엇을 얻을 수 있습니까?"

그러자 유클리드는 즉시 하인을 불러 지시했어요.

"이 자에게 동전 세 닢을 던져 주어라. 자기가 배운 것에서 이익을 얻어야 한다고 생각하는 자이니까."

유클리드는 학문을 연구하는 것은 돈을 벌기 위해서가 아니라 참된 지식과 인격을 갖추기 위해서임을 알려 주고 싶었던 거예요.

유클리드는 주로 기하학을 연구했는데, 이미 이루어진 기하학에 관한 연구들과 자신의 생각을 정리해서 쓴 책이 바로 《원론》이에요. 《원론》은 모두 13권으로 이루어져 있는데, 2000년이 넘는 시간 동안 수많은 언어로 번역되었고 성서 다음으로 사람들에게 널리 읽혔어요. 이 책이 위대한 이유는 기하학에 대한 연구를 한데 모은 것뿐만 아니라, 그 내용을 무척 논리적으로 구성하고 전개해 나갔기 때문이에요. 그리스 수학은 탈레스와 피타고라스 덕분에 크게 발전했으며, 유클리드에 이르러 황금기를 맞이하게 되었답니다.

 유클리드가 정의한 점, 선, 면

1. 점이란 크기가 없고, 위치만 표시한 것이다.
2. 선이란 길이만 있고, 폭(넓이)은 없는 것이다.
3. 면이란 길이와 폭만을 갖는 것이다.

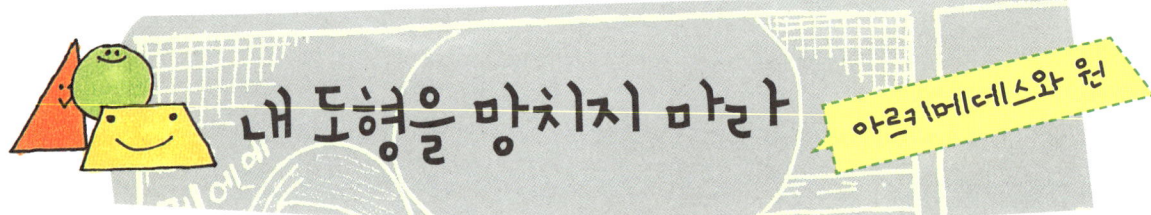

내 도형을 망치지 마라
아르키메데스와 원

약 2200년 전, 시칠리아 섬의 작은 나라 시라쿠사는 로마의 침략을 받아 위태로워졌어요. 로마 병사들은 자신의 승리를 과시하기 위해 시라쿠사 곳곳을 몰려다녔지요.

"헤헤, 여긴 더 이상 가져갈 것이 없군. 이제 저쪽으로 가 볼까?"

"그래, 빨리 가 보자고."

로마 병사 몇몇이 무리를 지어 한 골목길로 들어갔어요. 골목길을 지나자, 뜰 위에 한 노인이 가만히 서 있었지요. 로마 병사들이 노인에게 다가갔어요.

"이봐, 뭘 하고 있는 거야? 지금이 어떤 상황인지 모르는가?"

"……"

노인에겐 병사의 말이 들리지 않는 것 같았어요. 화가 난 병사들은 그에게 가까이 다가갔지요. 그때 한 병사가 노인이 그려 놓은 그림을 밟았어요.

"내 도형을 망치지 마라!"

그 소리가 얼마나 우렁찼던지 로마 병사들은 엉겁결에 발걸음을 멈췄어요. 하지만 그것도 잠시, 이내 얼굴이 붉어지더니 발칵 소리를 질렀어요.

"이 노인네가 누구한테 큰소리야? 죽고 싶나?"

로마 병사는 말을 내뱉기가 무섭게 허리에 찬 검을 빼어 들고는 노인을 향해 휘둘렀지요. 노인은 피를 흘리며 주저 앉았고, 끝내 목숨을 잃고 말았어요.

그로부터 며칠 후, 로마군의 사령관 마르켈루스는 병사의 보고를 받고 소스라치게 놀랐어요.

"사령관님, 아르키메데스가 우리 병사들의 손에 죽임을 당했다고 합니다."

"뭐라고? 그 유명한 아르키메데스가 죽었다고?"

마르켈루스는 존경하던 학자 아르키메데스가 죽었다는 소식을 듣고 무척 슬퍼했어요. 마르켈루스는 아르키메데스의 유언에 따라 원기둥*에 구*와 원뿔*이 내접*한 도형을 새긴 비석을 세우고 성대한 장례식을 치러 주었답니다.

아르키메데스는 고대 그리스의 과학자이자 발명가, 그리고 철학자이자 수학자예요. 아르키메데스의 생애에 대한 기록은 거의 남겨져 있지 않지만 그가 남긴 업적의 위대함은 이루 말할 수 없을 정도이지요.

아르키메데스는 고대의 가장 뛰어난 수학자 가운데 한 명으로 평가받고 있어요. 그는 기하학을 기술과 접목해서 놀라운 발명품들을 만들어 냈으며, 수학을 실제 문제 해결에 이용함으로써 그리스 수학을 한층 더 진전시켰지요.

아르키메데스가 병사의 칼에 쓰러지기 전 땅 위에 그렸던 도형은 바로 원이에요. 아마 아르키메데스는 죽는 날까지 기하학 연구에 열심이었던 것 같아요.

아르키메데스, 최초로 원주율을 계산하다

원주율 I

아르키메데스는 책상에 앉아 무언가를 고민하고 있었어요.

'원둘레(원주)의 길이와 원의 지름 사이에는 언제나 일정한 비율이 성립한다. 그런데, 이 비율은 어떻게 성립하는 걸까?'

아르키메데스는 '지름에 대한 원주*의 비', 즉 원주율*이 어떻게 성립하는지 궁금했어요. 또 좀 더 정확한 원주율 값을 알아내고 싶었지요.

"그래! 원에 내접하는 도형과 외접하는 도형을 그려서 계산해 보는 거야!"

그는 지름이 1인 원을 그렸어요. 그리고 원 위에 6개의 점을 찍어 원에 내접하는 정육각형을 그렸지요. 또 바로 옆에 똑같은 크기의 원을 그려 이번에는 원에 외접*하는 정육각형을 그렸어요.

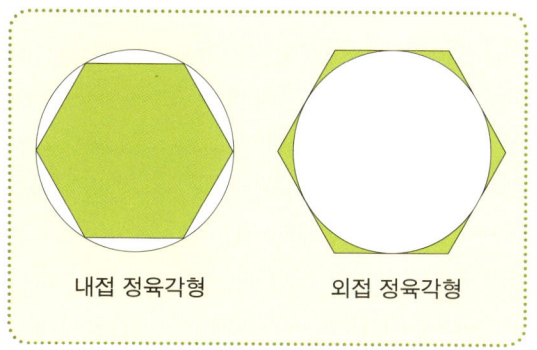

내접 정육각형   외접 정육각형

내접 정육각형은 원 안에 들어 있기 때문에 당연히 각 변의 합은 원둘레보다 작아요. 반대로 외접 정육각형의 각 변의 합은 원둘레보다 크지요. 따라서 아래와 같은 식이 성립했어요.

내접 정육각형의 둘레 < 원둘레 < 외접 정육각형의 둘레

이렇게 그리고 나니 원주율의 값이 3.00과 3.47 사이라는 걸 계산할 수 있었지요. 아르키메데스는 이런 방법으로 변의 개수를 늘려 정12각형, 정24각형, 정48각형, 정96각형을 그려 나갔어요. 원에 내접, 혹은 외접하는 도형의 변의 수가 많아질수록 원과 가까워졌어요.

정96각형까지 그린 아르키메데스는 원주율의 값이 $3\frac{10}{71}$과 $3\frac{10}{70}$사이라는 것을 알게 되었어요. 이 값을 소수로 표현하면 아래와 같지요.

3.1408 < 원주율 < 3.1429

아르키메데스는 원주율의 값을 소수점 둘째자리까지 정확히 밝혀낸 거예요.

고대 사람들도 원주율을 알고 있었고, 원주율을 이용해 원의 넓이를 구하기도 했어요. 하지만 왜 이런 비율이 성립되는지 수학적으로 따져 보지 않았지요. 원주율을 수학적으로 계산해 보인 것은 아르키메데스가 최초랍니다.

원주율을 계산한 수학자들

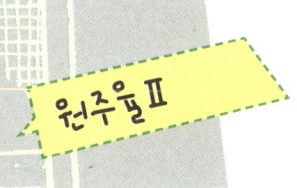

세상에서 가장 오래된 수학책인 《린드 파피루스》에는 다음과 같은 문제가 있어요.

"지름이 9인 원의 넓이는 한 변이 8인 정사각형의 넓이와 같다."

이 문제를 현대의 수학으로 나타내면, 원의 넓이=반지름×반지름×원주율 이므로, $\frac{9}{2} \times \frac{9}{2} \times$ 원주율=64라는 식이 나와요. 계산해 보면 원주율의 값은 대략 3.1605이지요. 이것은 실제 원주율의 값과 비슷한 수치로, 이를 통해 고대 이집트 사람들은 원주율에 대해 잘 알고 있었던 것으로 추측할 수 있지요.

이후 고대 그리스의 수학자 아르키메데스는 정다각형을 이용해 원주율이 3.1408보다는 크고 3.1429보다는 작다는 것을 계산해 냈지요.

고대 중국에서는 원주율을 3으로 계산했다고 해요. 그러다가 6세기 무렵 수학자 조충지가 원주율을 비교적 정확하게 밝혀냈어요.

조충지는 분수로 나타낸 원주율의 근삿값*을 구했는데, 그중 대략적인 값은 $\frac{22}{7}$, 정밀한 값은 $\frac{355}{113}$예요. 특히 $\frac{355}{113}$는 분모와 분자가 1000을 넘지 않는 분수 가운데 실제 원주율에 가장 가까워요.

16세기 독일의 수학자 루돌프는 원둘레를 계속 2등분하는 방법으로 소수점 아래 35자리까지 원주율을 계산하는 데 성공했어요. 원주율 계산에 평생을 바친 루돌프는 자기가 계산한 원주율 값을 묘비에 새겨 달라는 유언을 남겼지요.

19세기 영국의 수학자 생크스는 놀랍게도 원주율을 소수점 아래 707자리까지 찾아냈어요. 그런데 나중에 컴퓨터로 계산을 해 보니, 그의 계산은 530자리까지만 정확했다고 해요.

20세기에 컴퓨터가 보급되면서부터는 원주율을 더 정확하게 계산할 수 있게 되었어요. 1949년 세계 최초로 컴퓨터를 이용하여 소수점 아래 800자리까지 계산했어요. 그러다가 2002년 일본에서는 1조 2400억 자리까지 구하는 데 성공했지요.

원주율은 3.141592653589…로 끝없이 계속되는 소수예요. 이 긴 숫자를 그대로 쓰기는 어려우니 간편하게 근삿값인 3.14를 사용하는 거예요.

 파이(π) 기호와 파이데이

- 원주율을 나타내는 기호인 '파이(π)'는 17세기 영국 수학자 오트레드가 처음 사용했어요. '둘레'를 뜻하는 그리스 어의 첫 글자에서 따온 거예요.
- 매년 3월 14일은 파이데이예요. 이날 '원주율 마니아'들은 파이를 먹으며 원주율 문제를 토론하지요.

원과 비례식을 이용하여 지구의 둘레를 재다

원과 비례식

기원전 200년경, 그리스의 수학자 에라토스테네스는 책을 읽다가 재미있는 내용을 발견했어요.

'이집트 시에네 지역에서는 하짓날 정오에 해가 우물 한가운데에 비친다.'

호기심이 많았던 에라토스테네스는 직접 확인해 보고 싶었어요. 그래서 하짓날 시에네로 향했지요. 정오가 되자 에라토스테네스는 우물 한가운데에 비친 태양을 볼 수 있었어요. 이것은 태양이 땅을 직각으로 비춘다는 것을 의미했지요.

그런데 이상한 점이 하나 있었어요. 시에네에서 800km 떨어진 지역인 알렉산드리아에서는 하짓날 땅에 막대기를 꽂았더니 막대기에 그림자가 생기는 게 아니겠어요?

'태양이 땅과 직각을 이루고 비춘다면 그림자가 생기지 않아야 하는데……. 무슨 이유일까?'

깊은 생각에 빠져 있던 에라토스테네스의 눈이 번쩍 떠졌어요.

"그래! 이것은 지구가 둥글다는 증거야!"

당시 사람들은 지구가 평평하다고 믿고 있었어요. 그런데 만약 지구가 평평하다면, 특정한 시각에 어떤 장소에서 햇빛이 직각으로 비출 때, 같은 시각 다른 장소에서도 똑같이 햇빛이 직각으로 비추어야 해요. 하지만 관찰 결과는 그것과 달랐지요.

지구가 둥글다는 것을 알아낸 에라토스테네스는 원의 성질과 비례식*을 이용해서 지구의 둘레를 잴 수 있다고 생각했어요.

"호*의 길이는 중심각의 크기에 비례하니까, 이걸 이용하면 지구의 둘레를 잴 수 있을 거야."

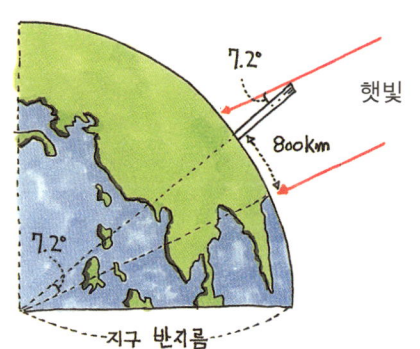

그는 시에네에서 태양이 직각으로 비출 때, 시에네로부터 800km 떨어진 알렉산드리아에서는 태양이 7.2° 기울어 비춘다는 것을 알아냈어요. 이것을 바탕으로 아래와 같은 비례식을 세웠지요.

지구 둘레 : 800km = 360° : 7.2°

지구 둘레 = $\dfrac{360°}{7.2°} \times 800km = 40000km$

에라토스테네스가 계산한 지구의 둘레는 40000km였어요. 지금 우리가 알고 있는 값인 40077km와 거의 비슷하지요.

색종이로 삼각형 내각의 합을 증명했어요

삼각형 내각의 합

수학자 파스칼은 1623년 프랑스의 작은 마을에서 태어났어요. 그는 무척 몸이 허약해 집에 있는 날이 많았어요. 파스칼은 깊이 생각하는 것을 좋아해, 수학 문제들을 풀며 시간을 보냈지요.

어느 날, 파스칼이 아버지에게 물었어요.

"아버지, 기하학이 뭐예요?"

파스칼의 아버지는 파스칼이 좋은 교육을 받을 수 있도록 무척 애쓰는 사람이었지만 수학보다는 그리스 어나 라틴 어, 문학을 공부하길 바랐어요.

"기하학은 도형을 연구하는 학문이란다."

아버지는 일부러 대답을 짧게 하고는 파스칼이 더 이상 수학에 관심을 갖지 않기를 바랐어요. 하지만 파스칼은 이미 기하학의 매력에 푸욱 빠져 버려서 틈만 나면 이리저리 도형의 세계를 탐구하곤 했어요.

그러던 어느 날 파스칼이 급히 아버지에게 달려와 말했어요.

"아버지, 이것 좀 보세요. 저 혼자서 삼각형의 내각의 합이 180°라는 것을 새롭게 증명해 냈어요."

"아니, 어떻게 말이냐?"

"여기 삼각형의 색종이가 있어요. 보세요, 색종이를 이렇게 잘라 붙이면 삼각형의 내각의 합이 180°라는 게 자연스럽게 증명되지요?"

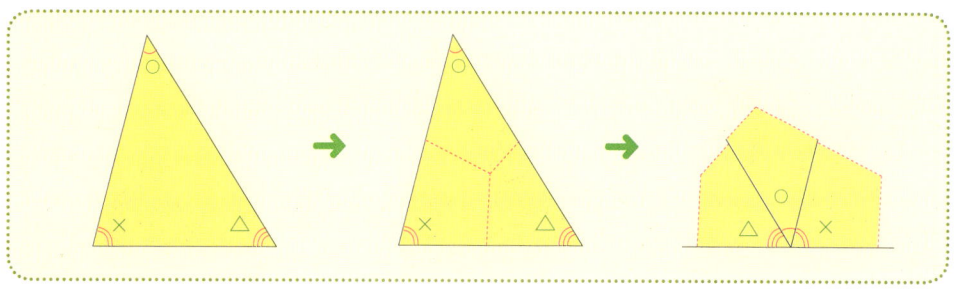

파스칼의 아버지는 어린 파스칼의 수학적 재능에 크게 감탄했어요. 며칠 후, 아버지는 파스칼에게 유클리드의 《원론》을 선물로 주었지요.

어릴 적부터 수학 공부를 좋아하던 파스칼은 14살에 과학자들의 토론회에 참석했고 16살에는 〈원추곡선에 관한 소론〉이란 논문을 발표해서 학자들을 놀라게 했답니다.

파스칼은 안타깝게도 건강이 좋지 않아 오랜 시간을 병마와 싸워야 했어요. 결국 39세의 짧은 나이에 생을 마감해야 했지요. 그가 죽고 난 이후 발견된 그의 명상록에는 "고통으로 잠을 이루지 못하는 날에는 수학 문제를 풀며 그 고통을 잊었다."고 기록되어 있어요. 수학에 대한 뜨거운 열정으로 이루어 낸 그의 연구 성과는 수학사에 큰 획을 그었답니다.

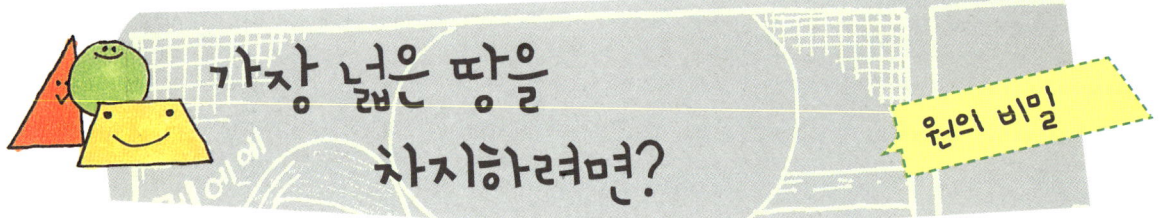

가장 넓은 땅을 차지하려면?

원의 비밀

러시아에 사는 농부 바흠은 가난했지만, 마음만은 행복하게 살고 있었어요. 그러던 어느 날, 작지만 자기 땅을 갖게 된 바흠은 슬슬 땅 욕심이 생겼어요. 때마침 바시키르 지방에서 땅을 싸게 판다는 소문이 들려왔고, 바흠은 곧장 바시키르로 향했지요. 그런데 그곳은 땅을 파는 방식이 독특했어요.

"하루 종일 자기 발로 걸은 만큼의 땅을 주겠소. 대신 해가 지기 전에 출발점으로 돌아오지 못하면 없던 일로 하겠소."

다음 날 아침, 바흠은 땅을 얻기 위해 힘차게 출발했어요. 10km쯤 걸어간 바흠은 땅을 파서 표시를 남겼어요. 그러고는 왼쪽으로 꺾어 13km를 걸었지요.

"헉헉, 힘을 내자. 그러면 기름진 이 땅이 모두 내 차지가 될 테니까."

바흠은 다시 왼쪽으로 방향을 틀고 힘겹게 달리기 시작했어요.

그렇게 2km를 달린 다음 출발점을 향해 달린 끝에, 바흠은 해가 질 무렵 간신히 출발점으로 돌아올 수 있었지요. 그러고는 땅바닥에 쓰러지고 말았어요.

"대단하오. 이제 저 넓은 땅은 모두 다 당신 것이오."

촌장이 쓰러져 있는 바흠에게 말했어요. 하지만 바흠은 너무 무리해서 달린 나머지 그만 심장이 터져 목숨을 잃고 말았지요. 결국 바흠이 차지할 수 있었던 땅은 그의 관이 묻힌 2m² 남짓이었답니다.

이 이야기는 러시아의 작가 톨스토이가 쓴 단편 소설 〈사람에게는 얼마만큼의 땅이 필요한가?〉에 나오는 이야기예요.

바흠이 걷고 달린 거리는 10+13+2+15=40km이고, 땅의 넓이는 (2+10)× 13 × $\frac{1}{2}$ =78km² 예요. 즉, 40km를 걸어 78km²의 땅을 가지려 했던 거지요. 하지만 이게 과연 최선이었을까요?

도형은 둘레의 길이가 똑같을 때, 변의 개수가 많을수록 넓이가 커지는 성질이 있어요. 따라서 둘레가 똑같이 10cm라도, 삼각형보다는 사각형이, 사각형보다는 오각형의 넓이가 크지요. 따라서 넓이가 가장 큰 도형은 원이에요. 만약 바흠이 반지름이 5km인 원 모양을 그리며 걸었다면, 5×2× 3.14=31.4km의 거리만 걷고도 5 ×5×3.14=78.5km²의 땅을 얻을 수 있었을 거예요.

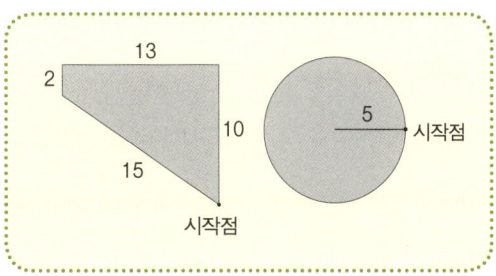

 원의 둘레와 원의 넓이를 구하는 공식

원의 둘레 = 반지름×2×3.14
원의 넓이 = 반지름×반지름×3.14

꿀벌은 왜 정육각형 모양의 집을 지을까요?

정육각형의 비밀

"꿀벌은 왜 하필 집을 정육각형 모양으로 짓는 것일까?"

3세기경, 그리스의 수학자 파푸스는 꿀벌의 집을 살펴보며 중얼거렸어요.

"꿀벌은 꿀이라는 신의 음식을 천국으로부터 얻어 인간에게 날라다 준다. 꿀벌은 귀하디 귀한 꿀을 보관하기 위해 그에 걸맞은 특별한 그릇을 만들어야 했을 것이다."

파푸스는 꿀벌의 집에 숨겨져 있는 비밀을 연구하기 시작했고, 마침내 그의 노력이 결실을 맺었지요. 파푸스는 《수학집성》이라는 책에서 꿀벌이 정육각형 모양으로 집을 짓는 2가지 이유를 밝혔어요.

"꿀벌은 꿀을 보관할 때 더러운 이물질이 끼지 않도록 빈틈없는 모양의 그릇을 원했다. 정육각형은 같은 정육각형끼리 서로 잇대어 놓았을 때 그 사이에 빈틈이 전혀 없기 때문에 이에 적합하다."

파푸스는 첫 번째 이유에 이어 두 번째 이유도 밝혔어요.

"또한 꿀벌은 많은 꿀을 채울 수 있는 모양을 원했다. 서로 같은 도형들을 잇댔을 때 빈 틈이 생기지 않는 도형은 정삼각형, 정사각형, 정육각형 이 3가지밖에 없다. 둘레가 같을 때 넓이가 가장 넓은 것은 바로 정육각형이다."

사람들은 파푸스의 글을 읽고 나서 꿀벌의 집 짓는 솜씨에 감탄을 했어요.

"꿀벌들은 정육각형 모양의 집의 장점을 알고 그렇게 짓는 걸까요?"

"신들의 음식인 꿀을 보관하는 중요한 곳이니까 신들이 꿀벌에게 알려 준 것은 아닐까요?"

그동안 무심코 보았던 꿀벌의 집에 이처럼 신비한 비밀이 숨어 있었다니, 놀라울 따름이었지요. 파푸스는 꿀벌들이 훌륭한 건축가임을 수학적으로 입증해 보인 것이랍니다.

둘레가 같을 때 넓이가 가장 큰 도형은 원이에요. 하지만 원은 여러 개를 이어 붙이면 틈새가 생기지요. 따라서 넓이가 넓으면서도 빈틈 없는 공간을 만들려면 정육각형이 가장 알맞아요.

벌집은 벌집 무게의 무려 30배나 되는 꿀을 담을 수 있다고 해요. 오늘날 사람들은 튼튼하고 넓은 정육각형의 벌집 구조를 응용해서 제트기와 인공위성 등을 개발했어요. 가벼우면서도 튼튼하게 만들어야 안전하면서도 높이 날 수 있기 때문이에요.

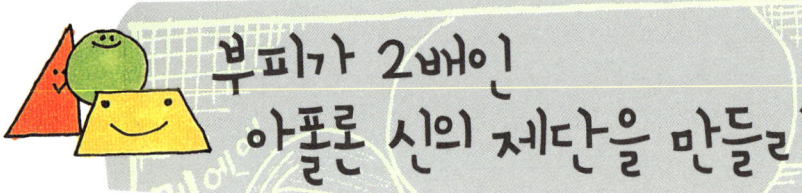

부피가 2배인 아폴론 신의 제단을 만들라

정육면체의 부피

　기원전 5세기경, 그리스의 델로스 섬에 무서운 전염병이 돌았어요. 전염병에 걸린 사람들은 목숨을 잃었고, 사람들은 불안에 떨었지요. 델로스 섬 사람들은 자신들이 섬기는 신 아폴론이 노해서 전염병이 돈다고 생각했어요. 그래서 사람들은 아폴론 신전으로 몰려갔지요.

　"아폴론 신이시여! 제발 노여움을 푸시고 부디 저희를 전염병으로부터 구해 주십시오."

　사람들은 눈물을 흘리며 간절히 기도했어요. 그러자 별안간 천둥 번개가 치더니 환했던 주위가 갑자기 어두워지기 시작했어요. 사람들은 두려움에 떨며 두 눈을 꼭 감았지요.

그때 아폴론 신의 목소리가 들려왔어요.

"나의 신전 앞에 놓여 있는 정육면체*의 제단은 모양은 좋으나 크기가 조화롭지 못하다. 오래된 제단을 없애고 새로운 제단을 만들어라. 모양은 그대로 두되 그 부피가 정확하게 2배인 제단으로 바꾸어라. 그러면 재앙은 사라지고 영원한 조화가 있으리라."

신의 목소리가 그치자, 주위는 다시 밝아지고 천둥 번개는 멈췄어요. 사람들은 아폴론 신이 말한 대로 새로운 제단을 만들어 냈지요.

"아폴론 신이시여! 신께서 시키신 대로 새로운 제단을 만들었습니다."

그런데 이상하게도 전염병은 사라지지 않았어요. 새로운 제단을 만들었는데 전염병은 왜 사라지지 않았을까요?

아폴론 신은 새로운 제단의 부피가 예전 제단의 2배가 되어야 한다고 말했어요. 그래서 사람들은 예전에 쓰던 제단의 가로, 세로, 높이의 길이를 각각 2배로 하여 새로운 제단을 만들었지요.

정육면체와 직육면체*의 부피는 (가로×세로×높이)로 구해요. 그런데, 사람들은 가로, 세로, 높이의 길이를 각각 두 배로 하였으니 (가로)×2×(세로)×2×(높이)×2 = (가로×세로×높이)×8이 되었던 거예요.

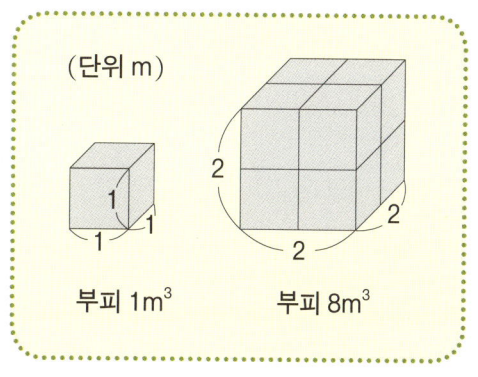

따라서 새로운 제단의 부피는 예전 제단의 8배가 된 것이랍니다.

 넓이의 비와 부피의 비

닮은 입체 도형에서 길이가 2배이면 넓이는 4배가 되고, 부피는 8배가 돼요. 즉 길이의 비가 1:2면, 넓이의 비는 1:4이고 부피의 비는 1:8이 되지요.

101

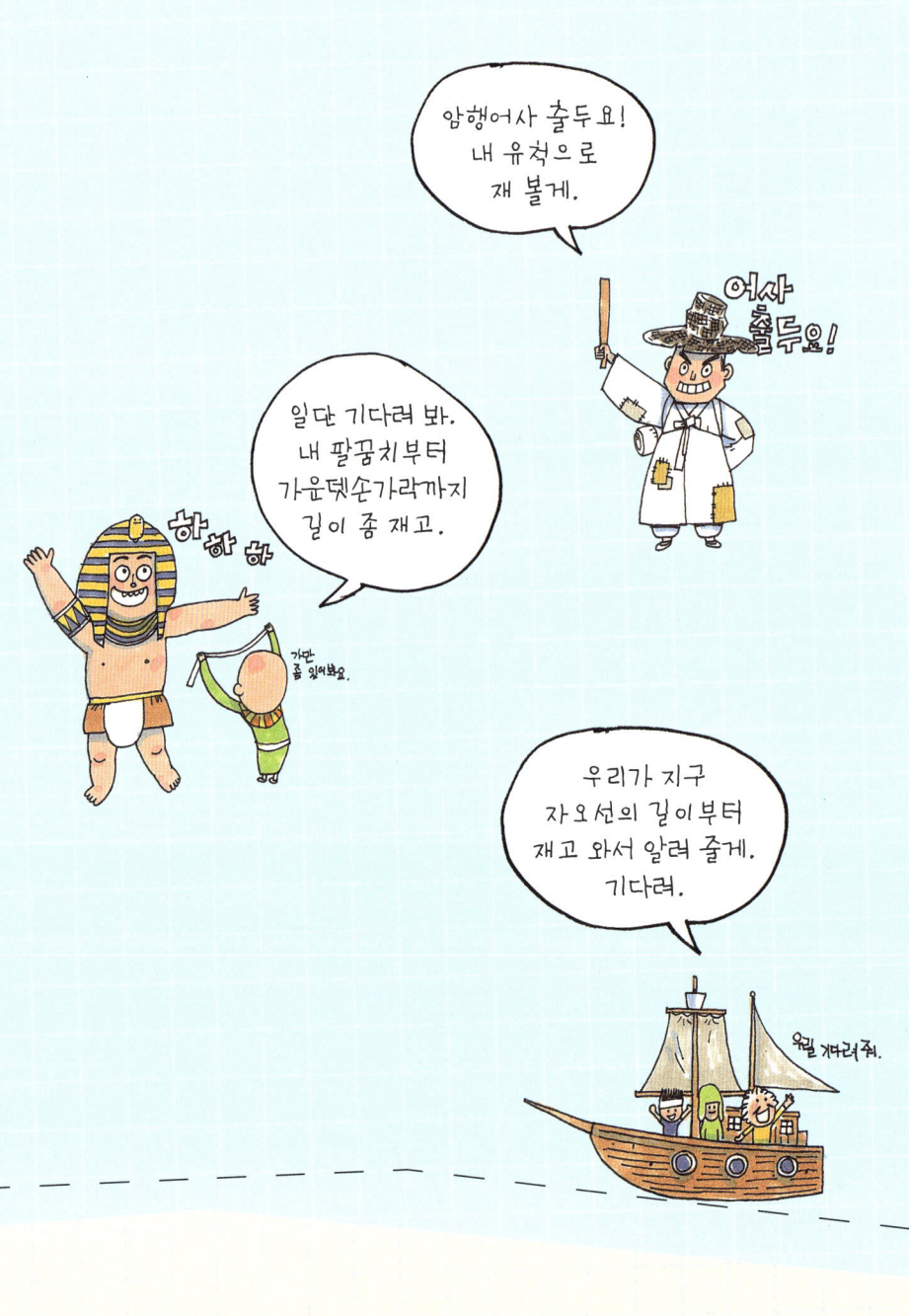

4

흥미진진한 측정·확률·통계 이야기

신체와 단위 • 중국의 도량형 • 유척 • 미터법 • 물체의 부피
몸무게 측정 • 확률 • 경우의 수와 확률 • 통계

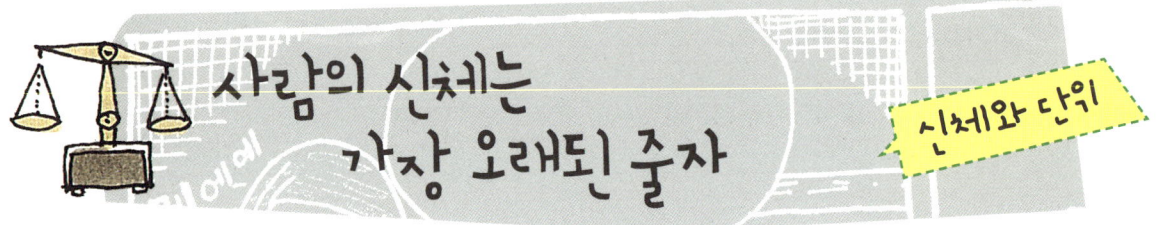

사람의 신체는 가장 오래된 줄자

신체와 단위

고대 이집트에서는 새로운 파라오가 즉위할 때마다 피라미드를 쌓는 작업이 시작되었어요. 피라미드를 완성하는 데는 수십 년이라는 긴 세월이 걸렸고, 그때마다 적어도 1만 명 정도의 일꾼이 동원되었지요. 하늘과 맞닿을 만큼 거대한 피라미드를 튼튼하게 지으려면 과학적인 설계가 필요했어요. 그러려면 단위의 기준도 정해져야 했지요.

"위대한 왕, 파라오여. 지금부터 새로운 자를 만들기 위해 몸을 재겠습니다."

파라오가 한쪽 팔을 내밀자 이집트 관리는 파라오의 팔꿈치에서 가운뎃손가락까지의 길이를 신중하게 재기 시작했어요. 그리고 거기에 파라오의 손바닥 폭의 길이를 더해 '로열 큐빗'이라는 새로운 단위로 자를 만들었지요.

이제 이 새로운 자를 기준으로 피라미드를 지어야 해요. 피라미드 공사를 맡은 총 감독관은 바삐 움직이기 시작했지요.

고대 이집트에서 가장 흔하게 사용했던 단위는 '큐빗'이었어요. 큐빗은 어른의 팔꿈치부터 가운뎃손가락까지의 길이를 말하는데, 대략 50㎝ 정도예요. 그러나 그 길이는 시대와 지역에 따라 조금씩 차이가 있었지요. 피라미드를 지을 때는 특별히 로열 큐빗을 기준으로 삼았는데, 이는 파라오의 신체를 기준으로 만든 단위예요.

큐빗 말고도 신체를 이용한 단위가 또 있어요. 야드(yard)가 대표적인데, 가슴 한가운데부터 손가락 끝까지의 길이를 뜻해요. 야드도 지역마다 시대마다 조금씩 그 길이가 달랐어요. 그러다가 12세기 영국의 왕 헨리 1세가 야드의 길이를 새롭게 정했지요.

"지금부터 1야드는 내 팔을 쭉 폈을 때 코끝에서 엄지손가락까지의 길이로 정한다."

현재 1야드는 91.44㎝인데, 이렇게 정해지기까지는 오랜 시간이 걸렸다고 해요.

옛날에는 사람의 몸을 기준으로 단위를 정해 사물의 길이를 재는 경우가 많았어요. 왜 사람의 몸을 이용해 단위를 만들었을까요? 길이나 무게를 잴 때 가장 손쉽게 사용할 수 있는 도구가 손이나 발 같은 신체 부위였기 때문이에요. 따라서 사람의 몸은 가장 오래된 '자'라고 할 수 있지요. 또 왕의 권력이 강했던 시대에는 왕의 몸을 기준으로 단위를 정했어요. 왕이 바뀔 때마다 단위를 새롭게 만들었으니 불편함도 따랐겠지요.

몸으로 길이를 재는 흔적은 지금도 남아 있어요. 예를 들어 '뼘'은 손가락을 완전히 벌렸을 때 양 끝 사이의 거리이고, '길'은 사람의 키 정도의 길이랍니다.

진시황제, 중국 통일과 함께 도량형도 통일하다

중국의 도량형

옛날에는 손이나 발 같은 신체 일부를 사용해서 물건의 길이를 쟀어요. 별다른 도구를 사용할 필요가 없어서 편하긴 했지만 사람마다 신체 길이가 달랐기 때문에 불편한 점도 많았어요. 특히 상업이 발달하고 물물교환이 많아지면서 명확한 기준이 더더욱 필요해졌지요.

2300년 전쯤 중국 주나라 사람들은 길이를 정확하게 잴 수 있는 자를 만들기로 했어요.

"엄지손가락과 가운뎃손가락을 뻗은 길이를 기준으로 자를 만듭시다."

그렇게 만들어진 자는 1자가 약 23cm이고, 주나라의 이름을 따서 '주척'이라 이름 붙여졌어요. 주척이 생기고 나서 생활이 훨씬 편리해지기는 했지만, 주척

또한 길이가 일정치 않기는 마찬가지였어요.

세월이 흘러 기원전 221년이 되자, 진시황은 중국을 통일하고 진나라를 세웠어요. 통일한 바로 그해에 진시황은 도량형을 통일하라는 명령을 내렸지요.

"표준이 되는 자와 저울, 되를 만들어 백성들에게 나누어 주도록 하라."

도량형이란 길이나 부피, 무게 등의 단위를 재는 기구나 단위를 뜻해요. 그런데 이전에는 도량형이 들쑥날쑥이었기 때문에 관리들이 이를 이용해 세금을 훨씬 많이 걷어 가는 일이 잦았어요.

"비단이 부족하다. 세금을 제대로 내지 않으면 벌을 받는다는 걸 모르느냐?"

"나리, 제가 집에서 자로 쟀을 때는 비단의 길이가 딱 맞았습니다요."

"그렇다면 내 자가 잘못됐다는 말이냐? 당장 비단을 더 가져오너라!"

"억울합니다, 나리. 이렇게 세금을 많이 내면 저는 뭘 먹고 삽니까요?"

이처럼 들쑥날쑥인 도량형 때문에 힘없는 백성들은 욕심 많은 관리들에게 속수무책으로 당했던 거예요. 그런데 진시황이 도량형을 통일함으로써 백성들은 지방 관리의 횡포에서 벗어날 수 있었어요.

사람들이 무리를 지어 살고 나라를 세우면서 자연스레 물물교환이 많아지고 나라에 세금도 내게 되었어요. 이때 통일된 기준이 없으면 누군가 부당하게 이득을 보거나 손해를 보는 일이 일어나요. 따라서 물건의 양을 정확하게 재는 일이 무엇보다 중요한 것이고, 통일된 도량형이 필요한 거예요. 예부터 도량형은 나라의 기강을 바로잡고 사회를 안정시키는 데 기초가 되었어요. 그래서 진시황도 나라를 세우자마자 도량형을 통일시킨 거예요.

중국의 도량형은 세월이 흐르면서 계속 발전되었고, 우리나라에도 영향을 주었답니다.

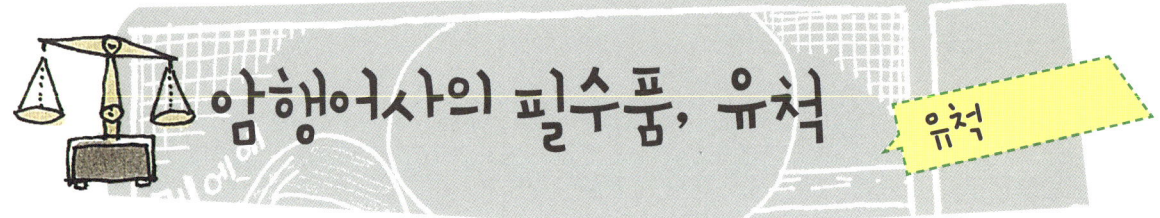

암행어사의 필수품, 유척

　조선 영조 임금은 박문수를 암행어사로 임명하였어요. 박문수는 허름한 옷으로 변장을 하고 부정부패를 저지르는 관리들을 벌하기 위해 길을 떠났지요.

　길을 떠난 지 며칠째 되던 날, 박 어사는 어느 고을의 주막에 묵게 되었어요. 박 어사는 툇마루에 앉아 수군거리는 고을 사람들의 이야기를 엿들었지요.

　"눈 뜨고 코 베이는 세상이라지만 너무하네. 도적도 그런 도적이 없을 게야."

　"쉿, 누가 듣기라도 하면 어쩌려고 그러는가?"

　"들을 테면 들으라지. 굶어 죽으나 맞아 죽으나 죽기는 매한가지 아닌가?"

　"하기야 관가에 세금을 내고 나면 굶기를 밥 먹듯이 해야 하니, 원……."

　고을 사람들의 한숨 섞인 이야기를 듣고 있던 박 어사는 잠시 생각에 잠기는 듯하더니 곧 주먹을 불끈 쥐고 방 안으로 들어갔어요.

이튿날 아침, 박 어사는 관가로 찾아가 사또를 향해 외쳤어요.

"이 고을 사또는 세금을 지나치게 많이 거둬들여 백성들을 가난에 시달리게 했으니 국법에 따라 엄히 다스리겠다. 애들아!"

박 어사가 외치자 수십 명의 부하들이 방망이를 들고 뛰어들어 왔어요.

"암행어사 출두요!"

허둥대는 사또에게 박 어사는 암행어사의 증표인 마패를 보여 주었어요.

"나는 어명을 받아 백성들을 괴롭히는 못된 관리를 벌하러 왔다. 가서 됫박을 가져오너라."

부하들이 관가에서 쓰는 됫박을 찾아오자, 박 어사는 허리춤에서 유척을 꺼내 됫박의 크기를 쟀어요. 예상대로 관가의 됫박은 나라에서 정한 기준보다 훨씬 컸지요. 됫박이 크면 클수록 많은 쌀을 담을 수 있기 때문에 큰 됫박을 사용하면 더 많은 세금을 거둘 수 있었어요. 넘치게 걷은 세금은 관리들의 뒷주머니로 들어갔던 거예요.

"죽을죄를 지었사옵니다. 용서해 주시옵소서."

땅바닥에 꿇어 앉아 떨고 있던 사또는 결국 벌을 받았답니다.

조선 시대에는 임금이 암행어사를 임명할 때 봉서, 사목, 마패, 유척을 함께 주었어요. 봉서는 암행어사의 임명장이고, 사목은 암행어사가 해야 할 일과 지켜야 할 규칙 등을 구체적으로 적은 글이지요. 마패는 30리마다 있는 역에서 말을 갈아탈 수 있는 증표예요. 유척은 놋쇠로 만든 자를 말하는데, 이걸로 지방 관청에서 사용하는 도량형이 얼마나 정확한지 판별했어요. 백성들에게 세금을 매기는 기구의 기준이 잘못되지는 않았는지, 형벌에 사용되는 도구의 크기가 규정에 맞는지를 유척을 가지고 두루두루 살폈지요.

전 세계의 단위를 하나로 통일해야 하오

미터법

　18세기 중반, 영국에서 산업 혁명이 시작되자 물건이 대량 생산되면서 나라와 나라 사이의 무역 거래도 활발해졌어요. 그런데 무역 거래를 하는 데 큰 걸림돌이 하나 있었지요. 나라마다 단위가 제각각이어서 물건의 양을 측정하고 값을 치르기가 상당히 복잡했어요. 심지어 똑같은 단위를 사용해도 실제 길이나 양이 달라서 싸움으로 번지는 일도 종종 일어났지요.
　"아니, 비단의 길이가 지난번에 신청한 것과 너무 다르지 않소?"
　"무슨 소릴 하는 거요? 우린 주문한 대로 물건을 보낸 게 맞소이다!"
　여러 나라들은 이런 문제 때문에 종종 다툼을 벌였어요.
　유럽의 중앙에 위치한 프랑스 또한 같은 문제로 골머리를 앓았어요. 1790년,

프랑스의 정치가인 탈레랑이 마침내 화폐와 무게, 길이의 단위를 통일시키자고 국회에 공식적으로 제안했어요. 그러려면 전 세계의 모든 사람들이 받아들일 수 있도록 알맞은 기준을 가지고 단위를 만들어야 했지요. 오랜 논의 끝에 북극에서 적도까지의 거리인 지구 자오선 길이의 $\frac{1}{10000000}$을 새로운 단위 '미터(m)'로 정하기로 했어요.

국회는 곧바로 자오선 원정대를 결성했어요. 천문학자인 들랑브르와 메셍이 자오선의 길이를 측정하기 위해 1792년 6월 각각 파리의 북쪽과 남쪽으로 떠났지요. 그런데 측량이 진행되는 7년 동안 프랑스는 스페인과 전쟁을 치러야 했고, 기상 조건 또한 무척 나빠서 작업하기 무척 어려웠어요.

"이대로 포기할 수는 없다. 우리는 반드시 이 임무를 완수해야 한다."

어려운 여건 속에서도 들랑브르와 메셍은 마침내 파리 북쪽에서 북극까지의 거리와, 파리 남쪽에서 적도까지의 거리를 측정하고 돌아왔어요. 그리고 측정한 자료를 바탕으로 적도에서 북극까지의 거리를 계산했고, 이를 다시 $\frac{1}{10000000}$로 나누어 1m로 정했지요.

시간이 흐르자 좀 더 정확한 값을 단위의 기준으로 삼아야 한다는 의견이 나왔어요. 그 결과 1983년에 1m는 진공 속에서 빛이 $\frac{1}{299792458}$초 동안 간 거리로 바뀌었답니다. 이것이 바로 우리가 현재 사용하는 1m랍니다.

1m의 기준이 정해지자 그 기준에 맞추어 더 긴 길이의 단위와 더 짧은 길이의 단위도 차례로 정해졌어요. 더 나아가 넓이의 단위, 부피의 단위도 정해졌지요. 이 기준은 전 세계적으로 인정되어 현재 많은 나라들이 사용하고 있어요. 덕분에 나라와 나라 사이에 정확하고 합리적인 거래를 할 수 있게 되었을 뿐만 아니라 어디에서든지 빠르고 정확한 계산이 가능해졌지요.

유레카! 유레카!

물체의 부피

기원전 3세기, 시라쿠사의 국왕 히에론 2세는 신하의 보고를 받고 있었어요.

"전하, 이번에 새로 만든 왕관이 순금이 아니라는 소문이 돌고 있습니다. 왕관을 만든 세공업자가 금 일부를 가로채고 은을 섞어 만들었다는 내용입니다."

히에론 2세는 깜짝 놀랐어요.

"왕관이 순금으로 만들어진 게 아닐 수도 있단 말이냐? 어떻게 이럴 수가! 당장 아르키메데스를 불러오너라!"

아르키메데스는 왕 앞에 불려 나왔지요.

"아르키메데스, 이 왕관은 세공업자에게 순금을 주고 만들게 한 것이오. 물론 왕관의 무게는 처음 주었던 순금의 무게와 같소. 그런데 이 왕관에 은이 섞였다는 소문이 돌고 있으니, 그것이 사실인지 확인해 보고 싶소. 단, 왕관을 훼손하면 아니 되오."

아르키메데스는 이 문제를 해결하기 위해 몇 날 며칠을 고민하고 또 고민했어요. 하지만 딱히 좋은 방법이 떠오르지 않았지요.

'왕관을 조각내거나 녹일 수도 없는데, 어떻게 순금인지 알 수 있단 말인가?'

깊은 고민에 빠져 있던 아르키메데스는 복잡한 머리를 식히기 위해 목욕탕을 찾았어요. 물이 가득한 욕조에 몸을 담그자 물이 욕조 밖으로 흘러넘쳤지요. 그 순간 아르키메데스의 머릿속에 좋은 방법이 번개처럼 스쳐 지나갔어요.

"유레카! 유레카!"

아르키메데스는 급히 목욕탕에서 나와 벌거벗은 채로 집으로 달려갔어요. 그리고 곧바로 실험을 시작했지요.

먼저 크기가 같은 그릇 2개를 준비해서 거기에 물을 가득 담았어요. 그리고 각각의 그릇에 왕관과, 같은 무게의 순금 덩어리를 넣은 다음 넘친 물의 양을 측정했지요. 넘친 물의 양은 왕관이 더 많았어요. 아르키메데스는 이 사실을 왕에게 알렸고, 죄를 들킨 세공업자는 왕을 속인 죄로 큰 벌을 받았답니다.

부피란 물체가 차지하는 공간의 크기를 말해요. 따라서 물이 가득 담긴 그릇에 물체를 넣으면 그 물체의 부피만큼 물이 넘쳐 흘러요. 2개의 물체가 서로 무게가 같더라도 물체를 이루고 있는 물질이 다르면 부피 또한 달라요.

아르키메데스는 물체의 이런 성질을 이용해서 실험을 한 거예요. 무게가 같은 왕관과 순금 덩어리를 물이 담긴 그릇에 담갔더니 넘치는 물의 양이 달랐어요. 그래서 왕관이 순금으로 만들어진 게 아니라는 걸 알아낸 거지요. 목욕탕에서 아르키메데스가 외친 '유레카'라는 말은 그리스 어로 '알았다'는 뜻이에요.

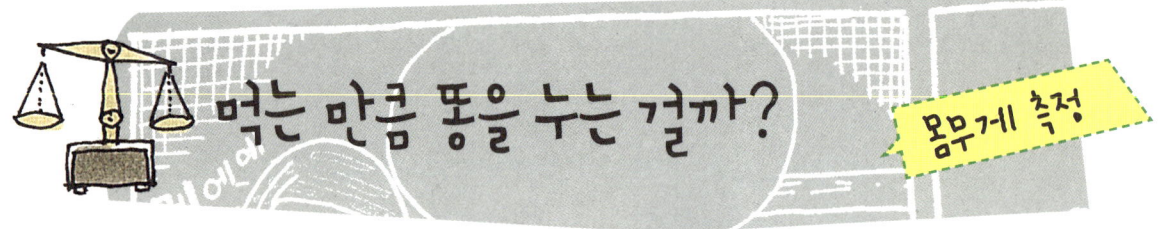

고대 로마 시대의 의학자 갈레노스는 서양 의학의 발달에 큰 영향을 끼쳤어요. 그는 다음과 같은 주장을 했어요.

"피부는 폐와 마찬가지로 호흡을 하며, 피부를 통해서 눈에 보이지 않는 어떤 물질이 배출된다. 피부를 통한 순환이 제대로 이루어지지 않는다면 우리 몸은 질병에 걸릴 수 있다."

하지만 당시 사람들은 말도 안 되는 이야기라고 생각했어요. 만약 갈레노스의 주장이 옳다면 그것을 증명할 수 있어야 했는데 눈에 보이지 않는 현상을 증명하기란 어려웠지요.

"갈레노스의 주장이 사실일까? 그렇다면 피부를 통해 배출되는 물질은 얼마나 될까?"

　17세기의 이탈리아 의학자 산토리오는 갈레노스의 주장을 수학적인 방법으로 증명해 보고 싶었어요.

　"일단 몸무게 변화를 측정해 봐야겠군. 그러려면 내 몸무게를 잴 수 있는 커다란 저울이 필요하겠어."

　산토리오는 실험을 위해 거대한 저울을 만들었어요. 그 저울 위에는 의자가 있어서, 산토리오는 그 의자에 앉아 먹고 마시면서 틈틈이 몸무게를 쟀어요. 먹은 음식과 똥과 오줌의 양도 정확하게 측정했지요. 의자 위에서의 생활이 불편했지만, 실험을 위해 꾹 참고 견디며 실험 결과를 꼼꼼하게 기록해 나갔어요. 이 실험은 무려 30년 동안이나 계속되었지요.

　"몸무게는 그대로인데 먹은 음식의 양보다 똥과 오줌의 양이 적군. 역시 갈레노스의 주장이 맞았어. 우리 몸은 우리가 느끼지 못하는 사이에 피부나 호흡을 통해 물질을 내보내는 거야."

　산토리오는 이 실험을 통해 하루 1kg가량의 물질이 피부와 호흡을 통해 배설된다는 사실을 증명해 냈답니다.

　산토리오는 당대 유명한 과학자 갈릴레오의 친구였어요. 갈릴레오는 측정의 중요성을 강조하곤 했는데, 산토리오는 그런 갈릴레오의 영향을 많이 받았지요. 산토리오는 의학에서도 정확한 실험과 올바른 측정을 중요하게 생각했어요. 당시 의학은 실험과 측정보다는 논리적으로 생각하고 추측해서 병을 연구하고 치료하는 일이 많았기 때문에 산토리오의 생각은 아주 색다른 것이었어요.

　산토리오는 이 외에도 인체에서 일어나는 수많은 생리 현상을 측정하고 숫자로 기록하는 일도 했어요. 그 결과 체온계, 맥박계가 만들어지는 데에 큰 공헌을 했어요. 이렇듯 수학과 의학은 떼려야 뗄 수 없는 관계에 있답니다.

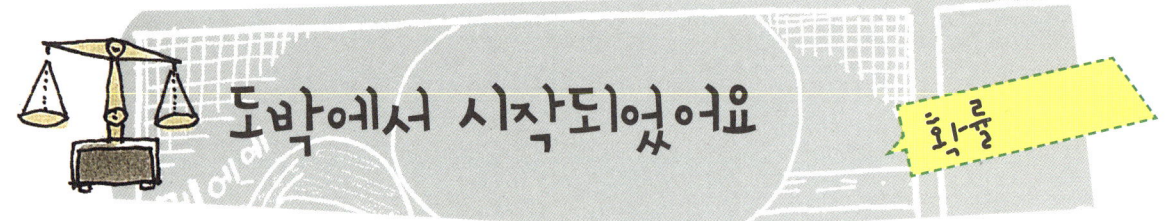

도박에서 시작되었어요

확률

1654년의 어느 날, 수학자 파스칼에게 편지 한 통이 도착했어요. 당시 유명한 도박꾼 드 메레가 보낸 것이었지요.

"실력이 서로 비슷한 A, B 두 사람이 32피스톨(옛 스페인 화폐 단위)씩 걸고 내기하였습니다. 승부에서 1번 이기면 1점을 얻고, 먼저 3점을 얻는 사람이 내기 돈 64피스톨을 몽땅 갖기로 했지요. 지금 A가 2점, B가 1점을 딴 시점에서 사정이 생겨 어쩔 수 없이 도박을 그만하게 되었다면, 64피스톨을 어떻게 분배하는 것이 가장 합리적이겠습니까?"

드 메레는 수학 실력이 뛰어난 사람이었어요. 수학 실력을 발휘해 도박에서 이기는 경우가 많았지요. 하지만 이번 문제는 어떻게 처리해야 할지 쉽게 결론

내릴 수가 없었어요. 그래서 친구이자 유명한 수학자인 파스칼에게 도움을 청한 거예요.

파스칼은 편지에 적혀 있는 분배 문제에 대해 골똘히 생각했어요. 하지만 명쾌한 답은 떠오르지 않았지요.

"아무래도 문제가 풀리지 않으니 페르마에게 같이 논의해 보자고 해야겠어."

파스칼은 또 다른 유명한 수학자 페르마에게 편지를 보내 의견을 달라고 부탁했어요. 두 사람은 서로 편지를 주고받으며 의견을 나누었지요. 꽤 오랜 시간이 흐른 후, 파스칼은 드 메레에게 답장을 보냈어요.

"다음 한 판을 더 해서 A가 이긴다면 A는 3번 이긴 것이므로 64피스톨을 가지게 됩니다. 만약 B가 이긴다면 A가 2번, B가 2번 이긴 셈이므로 비기게 되기 때문에 32피스톨씩 나눠 가져야 하지요. 즉 A는 이기건 지건 32피스톨은 가지게 되어 있습니다. 나머지 32피스톨은 A나 B중 이기는 사람 몫이 되겠지만 누가 이길지 모르므로 이기고 지는 것은 각각 절반의 확률입니다. 그러므로 A에게 32피스톨을 먼저 주고, 그 나머지의 반인 16피스톨을 더 주면 됩니다. 결과적으로 A는 48피스톨, B는 16피스톨을 가지면 됩니다."

드 메레는 파스칼의 편지를 읽고 난 뒤 활짝 웃었답니다.

유럽이 산업화되면서 많은 사람들이 무역을 위해 배를 타고 바다를 건너갔어요. 항구는 사람들로 늘 북적였고, 사람들은 배를 기다리는 동안 자연스레 도박을 하게 되었지요. 도박을 하는 사람들은 도박에서 이기기 위해 이런저런 경우들을 따지기 시작했는데, 이것이 바로 확률의 시초가 되었답니다.

윷놀이를 하면 왜 걸과 개가 자주 나올까?

경우의 수와 확률

좁은 방에 대여섯 명의 남자들이 옹기종기 모여 윷놀이를 하고 있었어요.

"자, 이번에 윷이 나오면 우리 편이 이기는 걸세. 윷 나와라!"

남자는 공중을 향해 4개의 윷가락을 힘껏 던졌어요. 잠시 후 공중으로 떠올랐던 윷가락이 바닥에 닿는 순간, 사람들이 동시에 외쳤어요.

"개!"

"아이고!"

낙심한 남자는 바닥에 떨어진 윷가락을 들어 보이며 불평을 늘어놓았어요.

"윷가락을 잘못 만든 게 아닌가? 유독 개나 걸이 많이 나온단 말일세."

"그런가? 듣고 보니 그런 것 같기도 하군."

그때 한쪽 구석에 앉아 구경만 하고 있던 이색이 끼어들었어요.

"이보게들, 내가 시를 한 수 지어 봤는데, 한번 들어 보지 않겠는가?"

이색은 고려 말 학자로 일상에서 쉽게 찾은 소재로 시 쓰기를 즐기는 사람이었어요. 이번에는 윷놀이를 보면서 시를 한 수 지었지요.

사람들은 윷가락을 내려놓고 일제히 이색을 바라보았어요. 이색은 눈을 지그시 감고 목청을 가다듬은 후에 시를 읊기 시작했지요.

"동방의 풍속이 예로부터 세시를 중히 여겨, 흰머리 할아범 할멈들이 신이 났네. 둥글고 모난 윷판에 동그란 28개의 점, 정과 기의 전략 전술에 변화가 무궁무진하이. 졸이 이기고 교가 지는 게 더더욱 놀라우니, 강이 삼키고 약이 토함도 미리 알기 어렵도다. 늙은이가 머리를 써서 부려 볼 꾀를 다 부리고, 가끔 다시 흘려 보다 턱이 빠지게 웃노라."

이색의 시를 들은 사람들은 손뼉을 치며 좋아했어요.

"그렇지. 윷놀이야말로 늙은이라고 잘하는 법이 없고 어린아이도 이길 수 있어서 누구나 다 같이 즐길 수 있는 놀이지."

사람들은 윷놀이를 예찬하다가 다시 윷놀이 삼매경에 빠졌답니다.

윷놀이는 윷으로 승부를 겨루는 전통 놀이예요. 2명 이상의 사람이 편을 갈라 교대로 윷을 던져서 도, 개, 걸, 윷, 모 등 결과에 따라 윷판 위의 4개의 말을 움직여 모든 말이 먼저 최종점을 통과하는 편이 이기는 놀이이지요. 그런데, 이상한 점이 하나 있어요. 윷놀이를 하다 보면 결과 개가 다른 것보다 훨씬 자주 나온다는 거예요. 왜 이런 일이 생기는지 다음 페이지에서 살펴보도록 해요.

윷놀이에 숨겨진 경우의 수와 확률

윷놀이를 할 때 도, 개, 걸, 윷, 모가 나올 확률은 각각 얼마나 될까요? 경우의 수를 따져서 각각의 확률을 알아보도록 해요.

어떤 일이 일어날 수 있는 경우의 가짓수를 '경우의 수'라고 해요. 예를 들어, 동전을 던졌을 때 경우의 수는 2예요. 앞면 혹은 뒷면 2가지 경우가 있으니까요. 주사위 1개를 던졌을 때 경우의 수는 6이에요. 주사위의 각 면에는 6개의 숫자가 새겨져 있어 6가지 경우가 나올 수 있지요.

윷 1개를 던질 때 나오는 경우의 수는 2예요. 앞면 혹은 뒷면이 나올 수 있지요.

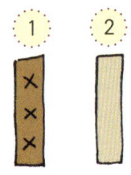

윷 2개를 던질 때 나오는 경우의 수는 4예요.

윷 4개를 던졌을 때 경우의 수는 16이에요.

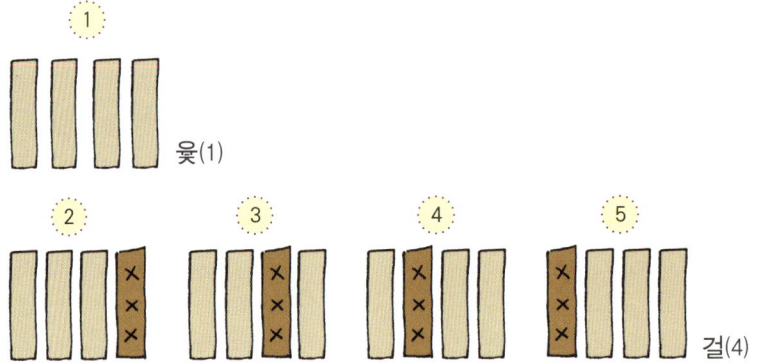

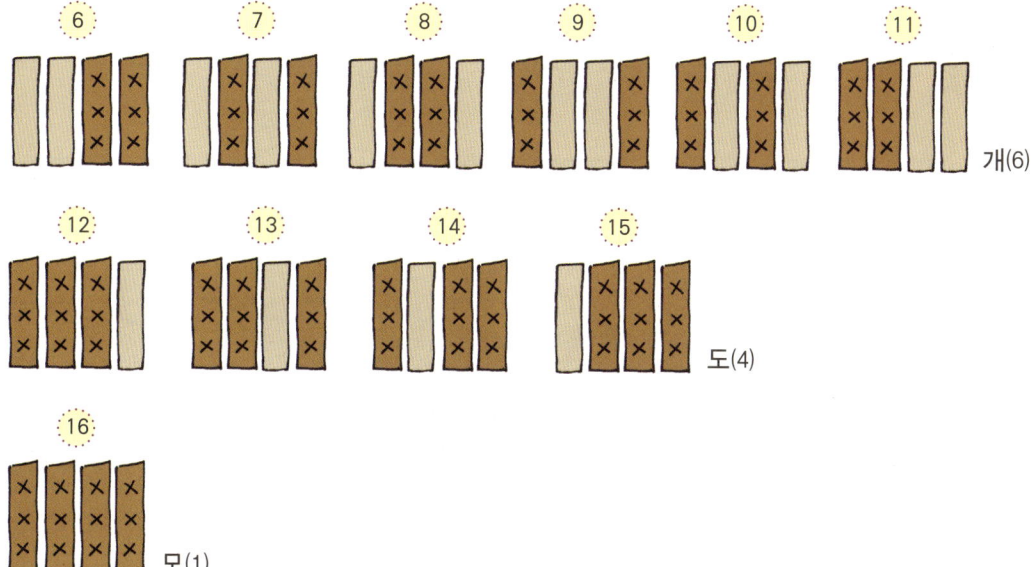

$$\text{어떤 사건이 일어날 확률} = \frac{\text{어떤 사건이 일어날 수 있는 경우의 수}}{\text{일어날 수 있는 모든 경우의 수}}$$

위의 공식대로 계산해 보면 각각의 확률이 도와 걸이 $\frac{4}{16}$, 윷과 모가 $\frac{1}{16}$, 개가 $\frac{6}{16}$이 돼요. 따라서 윷을 던졌을 때 개가 나올 확률이 가장 높지요. 개 〉도 = 걸 〉윷 = 모 순서예요.

하지만 여기서 약간의 변수가 있어요. 위의 확률은 윷의 앞면과 뒷면이 나올 확률이 각각 50%라고 가정하고 구한 결과예요.

그런데 실제 윷가락의 앞면은 곡면으로 되어 있고 뒷면은 평면으로 되어 있어, 윷을 던지면 평면이 위로 나올 확률이 곡면이 위로 나올 확률보다 약 60% 정도 높다고 해요. 따라서 이러한 점을 고려하여 다시 계산해 보면 걸 〉개 〉도 〉윷 〉모 순서가 됩니다. 그래서 윷놀이를 하면 걸과 개가 자주 나오는 거예요.

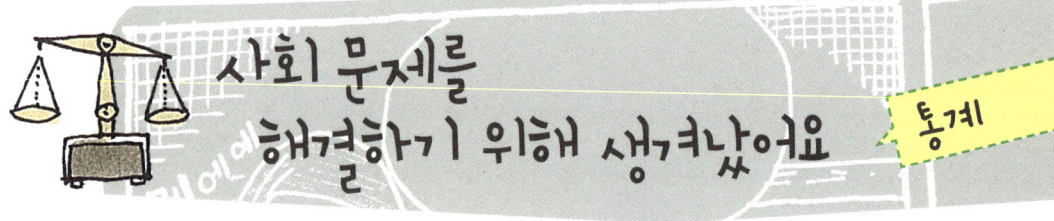

사회 문제를 해결하기 위해 생겨났어요
통계

17세기 영국은 세계 곳곳에 식민지를 둔 강대국이었어요. 식민지에서 빼앗은 수많은 물자가 런던으로 들어왔고, 나라는 더욱더 부유해졌지요. 하지만 이에 따른 문제도 생겨났어요. 물자와 함께 전염병도 같이 들어와서 해마다 수많은 영국인들이 목숨을 잃었지요.

"나라가 번창하면 뭐해? 어디 불안해서 살겠냐고?"

런던 시에서는 문제를 해결하기 위해 사망 원인과 사망자 수를 조사했어요. 하지만 이것만으로는 문제를 해결할 수 없었지요.

"그렇다면 60년 전까지의 자료를 모두 조사합시다."

상인이자 아마추어 수학자인 존 그랜트는 수십 년 간의 사망을 분석한 표를 보고 출생과 사망에 어떤 규칙성이 있다는 연구 결과를 발표했어요. 이것이 영국 통계학의 시작이었지요.

한편 17세기 독일에서는 종교 갈등으로 시작된 전쟁이 30년 동안 벌어지고 있었어요. 전쟁이 끝났을 때 독일의 상황은 이루 말할 수 없을 정도로 처참했지요. 독일 국민의 반이 죽고 국토는 폐허가 되어 버렸어요.

"나라를 일으켜 세우려면 우선 전쟁 피해가 어느 정도인지 조사해야 합니다."

독일의 경제학자 헤르만 컬링은 전쟁 피해 규모를 조사하고 자료를 모아서 정리하기 시작했어요. 컬링이 작성한 통계를 보면 전쟁 피해가 가장 심한 지역을 한눈에 파악할 수 있었지요. 독일 정부는 피해가 심한 지역부터 먼저 복구하기 시작해서 폐허가 된 국토를 빠르고 계획적으로 일으켜 세울 수 있었답니다.

일상생활이나 여러 가지 현상에 대한 자료를 숫자로 나타낸 것을 '통계*'라고 해요. 그리고 이것을 표로 만들면 통계표가 되지요. 통계표는 책이나 신문, 뉴스에서 종종 나오는데, 통계표를 이용하면 복잡하고 어려운 내용도 알기 쉽게 전달할 수 있지요.

통계는 아주 옛날에도 쓰였어요. 호적이나 토지 대장을 만들어서 통계를 작성해 두었다가 세금을 걷거나 병사를 뽑을 때 이용했어요. 하지만 통계가 본격적으로 발달하고 쓰인 것은 근대 이후예요. 무역이 발달해 많은 물자가 나라와 나라 사이를 오가고, 전쟁이나 전염병 등의 피해가 넓게 퍼지면서 통계가 중요해졌지요. 국가가 경제 정책을 세우거나 사회 문제를 해결하기 위해서는 일단 사회 현상을 빠르게 파악할 필요가 있는데, 그때 통계가 매우 중요하게 쓰여요.

5

재미있는 수학 이야기

미로와 수학 • 한붓그리기 • 천문학과 수학 • 음악과 수학 • 제논의 역설
최초의 여성 수학자 • 피보나치 수열 • 세종대왕과 수학 • 수학 대결
공배수와 최소공배수 • 비례식의 성질 • 무한 • 좌표 • 미적분Ⅰ • 미적분Ⅱ
하노이의 탑 • 마방진 • 식사량 계산하기 • 동물과 셈

미궁에서 탈출하는 방법

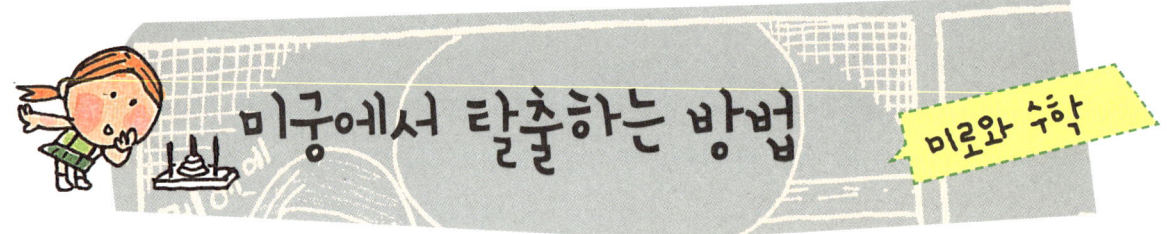

미로와 수학

그리스 남쪽 크레타 섬에 미노스 왕과 파시파에 왕비가 살고 있었어요. 어느 날, 왕비는 아기를 낳았지요. 그런데 갓 태어난 아기를 본 순간, 왕과 왕비는 깜짝 놀랐어요. 황소의 머리에 사람의 몸을 가진 흉측한 모습을 하고 있었던 거예요. 미노스 왕은 아기에게 '미노스의 소'를 뜻하는 미노타우로스라는 이름을 붙여 줬어요.

왕은 깊은 고민에 빠졌어요.

"미노타우로스를 어떻게 할 것인가? 사람들이 이 흉측한 괴물을 봐서는 안 된다. 눈에 띄지 않는 곳에 가두어야겠다."

미노스는 건축가 다이달로스에게 크노소스 궁전을 지으라고 명령했어요. 크노소스 궁전은 수백 개의 방이 미로처럼 있어서 한번 들어가면 쉽게 빠져나올 수 없게 설계되었지요. 궁전이 완성되자 미노타우로스를 그 안에 가두어 버렸어요.

이후 미노스는 아테네와의 전쟁에서 승리하여 해마다 소년 7명과 소녀 7명을 제물로 바치라고 했어요. 아테네에서 온 소년과 소녀들을 크노소스 궁전으로 보내 미노타우로스의 먹이로 삼았지요.

세 번째 제물이 바쳐졌을 때, 마침내 아테네의 왕자 테세우스가 나섰어요.

"미궁 속의 괴물을 죽이고 아테네의 젊은이들을 구해 오겠습니다."

그런데 크레타 왕국에 도착한 테세우스의 모습을 본 미노스의 딸 아리아드네 공주는 첫눈에 그에게 반했어요. 테세우스를 지키고 싶었던 아리아드네 공주는 미궁 속으로 들어가는 테세우스에게 칼과 실 뭉치를 건넸지요.

"테세우스 님, 이 실을 풀면서 미궁으로 들어가세요. 그럼 미궁을 무사히 탈출할 수 있을 거예요."

"고맙소, 공주. 내 꼭 살아서 돌아오겠소."

테세우스는 공주의 말대로 실을 풀며 미궁 속으로 들어갔어요. 마침내 미노타우로스와 마주하게 된 테세우스는 칼을 번쩍 들어 올리며 외쳤어요.

"미노타우로스여, 아테네의 왕자 테세우스가 너를 물리치러 왔다!"

용감하게 괴물을 물리친 테세우스는 실을 되감는 방법으로 무사히 미궁을 빠져나왔어요.

미노타우로스가 갇혔던 크노소스 궁전처럼 밖으로 나가는 문을 찾기 어렵게 만들어진 곳을 미궁이라고 해요. 미궁은 길이 구불구불하고 여러 갈래로 나뉘는 샛길이 많아서, 한번 들어가면 쉽게 나올 수 없지요. 테세우스는 실 끝을 미궁의 입구에 묶은 뒤 실을 풀면서 들어갔다가, 미궁에서 나올 때는 실을 되감으며 따라 나오는 방법으로 미궁에서 빠져나왔어요. 그런데 만약 중간에 실이 끊어졌다면 테세우스는 영영 미궁에서 빠져나올 수 없었을까요?

미로를 빠져 나오는 방법

● 벽 따르기 법

미로에서 빠져나오는 길을 모를 때는 오른쪽이나 왼쪽 가운데 한 쪽 벽만 계속 따라가면 돼요. 그러면 언젠가는 출구로 나올 수 있지요. 이 방법은 수학자 위너가 증명한 방법으로, '벽 따르기 법'이라고 해요.

오른쪽 그림처럼 오른손을 벽에 대면서 계속 따라가다 보면 결국 처음의 갈림길이 있는 ★이 나와요. 그런데 갔던 길을 반복해서 가야 하기 때문에 시간이 오래 걸린다는 단점이 있어요.

벽 따르기 법을 쓰되 좀 더 빨리 탈출하는 방법도 있어요. 미로에서 삼면으로 둘러싸인 곳은 들어올 곳도 나갈 곳도 한 곳이기 때문에 막힌 통로예요. 이런 곳을 미리 지우면 미로가 단순해져서 길을 찾기가 훨씬 수월하지요.

● 조르당 곡선

그런데 벽 따르기 법을 사용해도 절대 빠져나올 수 없는 미로도 있어요. 왼쪽 미로에서 ★은 절대 밖으로 나올 수도, 밖에서 들어갈 수도 없지요.

왜 이런 일이 생기는 걸까요? 미로를 좀 더 간단하게 나타내면 그 답을 알 수 있어요.

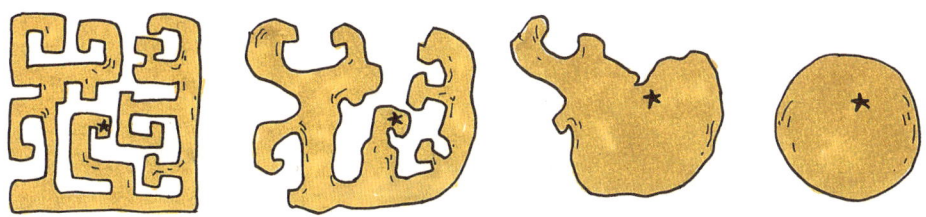

★은 밖으로부터 완전히 닫힌 곡선 안에 있어요. 이 곡선을 기준으로 안과 밖이 나뉘기 때문에, 안쪽에 있는 ★은 절대 밖으로 나올 수 없지요. 이 닫힌 곡선을 수학자 조르당의 이름을 따서 '조르당 곡선'이라고 해요.

● **조르당 곡선의 정리**

출발점에서 도착점으로 갈 수 있을지 없을지를 빨리 파악하는 방법이 있어요. 출발점과 도착점을 이어서 곡선과 만나는 점의 개수를 세어 보는 것이지요.

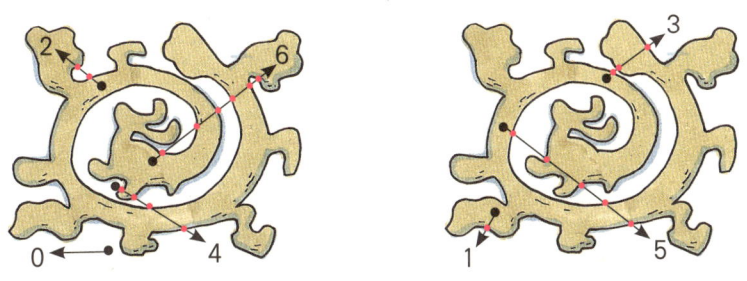

왼쪽 그림처럼 출발점과 도착점을 이었을 때 만나는 횟수가 짝수면 미로의 안과 밖이 연결되어 있다는 뜻이기 때문에 밖으로 나올 수 있어요. 오른쪽 그림처럼 출발점과 도착점이 홀수 번 만나면 출발지와 도착지가 차단되어 있다는 뜻이기 때문에 밖으로 나올 수 없지요. 이 원리를 '조르당 곡선의 정리'라고 해요.

쾨니히스베르크의 다리 건너기

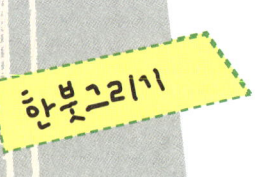
한붓그리기

프로이센에 쾨니히스베르크(현재는 러시아의 칼리닌그라드)라는 도시가 있었어요. 이 도시를 흐르는 프레겔 강 위로 7개의 다리가 놓여 있지요.

18세기의 어느 날이었어요. 한 시민이 수수께끼를 냈어요.

"한 다리를 2번 이상 건너지 않고 7개의 다리를 모두 지날 수 있을까?"

많은 사람들이 이 문제를 풀기 위해 직접 다리를 건너 보기도 하고, 마을 지도를 펴 놓고 줄을 그어 보기도 하며 열심히 해답을 찾으려고 했어요. 하지만 아무도 이 문제를 풀지 못했고 문제만 유명해졌지요.

마침내 사람들은 당대의 유명한 수학자 오일러를 찾아가 물어보기로 했어요.

"선생님, 어떻게 하면 한 다리를 2번 이상 건너지 않고 모든 다리를 건널 수 있을까요?"

오일러는 곰곰이 생각하는 듯하더니 대답했어요.

"그건 불가능합니다."

오일러는 일단 쾨니히스베르크 다리가 놓인 지도를 간략하게 만들었어요. 다리는 선으로, 다리를 잇는 땅은 점으로 표시했지요. 따라서 다리가 놓인 지도는 아래의 오른쪽 그림과 같이 선과 점으로 이루어진 단순한 모양이 되었어요. 실제 거리와 위치는 달라졌지만 육지와 다리의 연결 상태는 같기 때문에 성질은 그대로이지요.

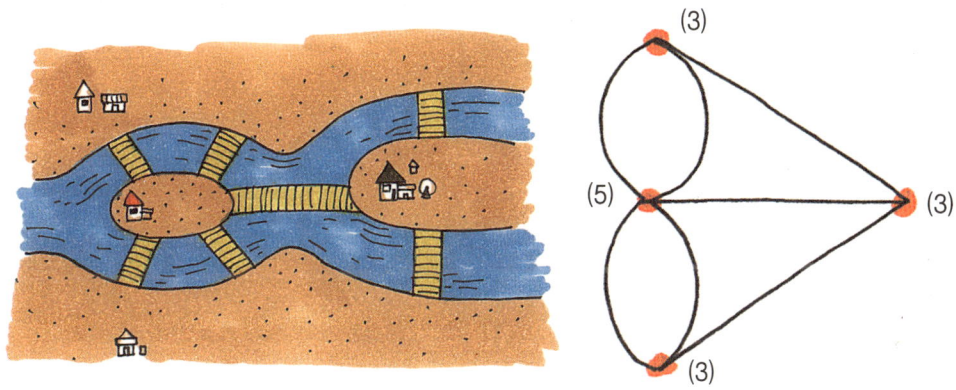

이제 이 그림을 한붓그리기로 그릴 수 있는지 따져 보면 돼요. 연필을 바닥에서 떼지 않으면서 같은 선을 2번 지나가지 않고 그리는 것이 한붓그리기예요. 오일러는 연필로 직접 선을 그어 보는 것이 아니라, 어떤 조건에서 한붓그리기가 가능한지를 먼저 따져 보았기 때문에 쉽게 대답할 수 있었지요.

한붓그리기가 가능하려면 모든 점에 연결된 선이 짝수 개이거나, 2개의 점만이 홀수 개의 선을 가져야 하지요. 그런데 쾨니히스베르크의 다리 그림은 4개의 점이 모두 홀수 개의 선을 가지고 있어요. 따라서 다리를 한 번만 건너면서 모든 다리를 지나는 건 불가능하답니다.

일식이 일어나는 날짜를 예언했어요

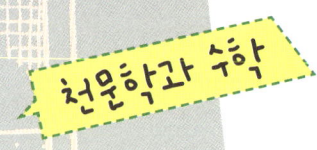
천문학과 수학

    탈레스는 지금으로부터 2500년 전 그리스의 밀레투스라는 작은 도시에서 태어났어요. 청년이 된 탈레스는 장사를 하러 이집트로 떠나게 되었지요.

    당시 이집트는 세계에서 가장 문명이 발달한 나라였어요. 특히 수학과 천문학에 대해서는 이집트를 따라올 나라가 없을 정도였지요. 탈레스는 그곳에서 수학을 공부했고 천문학에 대한 지식도 쌓았어요. 그 결과 지구가 둥글다는 사실과 1년이 365일하고 6시간이라는 것도 알게 되었어요. 나중에는 일식과 월식이 일어나는 원리도 알게 되었지요. 이후 탈레스는 고향으로 돌아와 수학과 천문학 공부에 더욱 열중했어요.

    기원전 585년, 탈레스는 마침내 계산을 통해 일식 날짜를 예측할 수 있게 되었어요. 탈레스는 사람들에게 이렇게 예언하였지요.

"그날이 되면 태양이 빛을 잃고, 메디아와 리디아의 전쟁이 끝날 것이다."

당시 사람들은 일식이 왜 일어나는지 그 이유를 알지 못했기 때문에 탈레스의 예언 또한 믿지 않았어요. 심지어 탈레스가 사기를 치려 한다며 욕하기까지 했지요.

시간이 흘러 탈레스가 예언한 그날이 되었어요. 놀랍게도 화창하던 하늘이 조금씩 어두워지기 시작했지요.

"세상에 이럴 수가! 태양이 점점 빛을 잃어 가고 있어요."

탈레스의 예언대로 태양이 달에 가려져서 낮이 밤처럼 어두워졌어요. 한창 전쟁을 벌이던 메디아와 리디아도 일식이 일어나자 싸움을 멈추었지요.

"태양이 사라진 것은 신이 노했기 때문이다."

메디아와 리디아 사이의 전쟁이 끝남으로써, 탈레스의 예언은 모두 들어맞게 되었어요. 이로 인해 탈레스의 명성은 점점 높아졌지요. 그 후로 사람들은 어려운 문제가 생길 때마다 탈레스를 찾아와 해결해 달라고 부탁했어요.

일식은 달이 해를 가리는 현상이에요. 달은 지구 주위를 돌고 지구는 태양의 주위를 도는데, 지구-달-해가 순서대로 일직선으로 놓일 때 일식이 일어나지요. 탈레스는 지구와 달이 도는 주기를 계산하여 일식이 일어나는 날짜를 예언했던 거예요. 천문학 지식과 수학 실력이 낳은 놀라운 결과물이었지요.

일식은 주기적으로 일어나는 현상이기 때문에 현대의 과학자들은 과거에 언제 일식이 일어났는지 계산해 볼 수 있어요. 과학자들은 기원전 585년 5월 28일에 지금의 터키 땅에서 일식이 일어났음을 밝혀냈는데, 바로 그날이 탈레스가 말한 일식 날짜일 가능성이 높다고 해요.

망치 소리를 듣고 음계를 만들어 냈어요

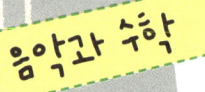
음악과 수학

어느 날 피타고라스는 우연히 대장간 앞을 지나게 되었어요.

"팅, 통, 팅, 통."

피타고라스는 대장장이들이 망치로 쇠를 두드리는 소리에 걸음을 멈추었어요. 가만히 들어 보니 소리가 무척 아름답게 들렸거든요.

'오늘따라 망치질 소리가 무척 아름답군. 평소엔 시끄럽게만 들렸는데……. 불의 온도 탓인가? 혹은 쇠의 재질이 달라진 걸까?'

궁금함을 참지 못한 피타고라스는 대장간 안으로 들어갔어요. 안에서는 대장장이 두 사람이 번갈아 가며 열심히 망치질을 하고 있었지요.

"어서 오십시오, 손님. 무엇을 만들어 드릴까요?"

피타고라스를 발견한 대장장이가 망치질을 멈추고 물었어요.

"손님으로 온 게 아니니, 신경 쓰지 말고 하던 일이나 계속하게."

알 수 없는 대답에 대장장이는 고개를 갸웃했지만 이윽고 망치질을 다시 시작했어요. 피타고라스는 그 모습을 유심히 지켜보았지요.

'저 두 사람이 들고 있는 망치 크기가 다르군. 그럼 혹시 비밀은 망치의 무게에 있는 걸까?'

피타고라스는 곧바로 집으로 돌아가서 실험을 시작했어요. 무게가 각각 다른 망치로 쇠를 내리치고는 유심히 그 소리를 들었지요. 일정하게 무게 차이가 나는 망치들로 번갈아서 쇠를 두드리면 듣기 좋은 소리가 난다는 것을 발견했어요. 이를 바탕으로 피타고라스는 하프 같은 현악기의 줄을 튕겨 보면서 현(줄)의 길이의 비율과 소리에 대해 연구해 나갔어요. 그리고 현의 길이가 2:3의 비율을 이룰 때 아름다운 소리를 낸다는 것을 발견했어요. 피타고라스가 찾은 아름다운 소리는 '도'와 '솔'이었지요.

'어떤 선분과 그 선분의 $\frac{2}{3}$가 되는 선분은 화음을 이룬다. 그렇다면 그 $\frac{2}{3}$의 선분의 $\frac{2}{3}$인 선분도 화음을 이룰 것이다.'

이 원리를 이용하여 피타고라스는 계속해서 조화로운 소리를 찾았어요. 그 결과 '도, 레, 미, 파, 솔, 라, 시, 도'라는 8음계가 탄생했지요.

음악은 얼핏 보면 수학과 전혀 관련이 없어 보여요. 수학은 어려운 계산과 공식의 세계이지만 음악은 즐겁고 아름다운 세계로 보이니까요. 하지만 피타고라스의 발견에 의해 음악과 수학이 서로 떼려야 뗄 수 없는 관계에 있다는 것이 증명되었어요. 피타고라스의 발견 이후 수많은 수학자들이 소리를 연구하여 음악의 세계는 더욱 넓어졌답니다.

아킬레우스와 거북이의 경주

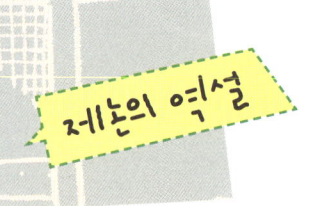
제논의 역설

　기원전 5세기경, 제논이 사람들 앞에서 진지한 표정으로 말하고 있었어요.

　"잘 들어 보게. 아킬레우스(그리스 신화에 나오는 영웅)와 거북이가 달리기 시합을 한다고 가정해 보는 걸세. 만약 거북이가 1000m 앞에서 출발한다면 아킬레우스는 거북이를 영원히 따라잡을 수 없네."

　제논의 이야기를 들은 사람들은 황당해했어요.

　"말도 안 되는 소리 마십시오. 상식적으로 틀린 게 너무나 확실하군요."

　한 사람이 비웃듯이 말하자, 제논은 싱긋 웃으며 이야기를 계속했어요.

　"내 말이 틀렸다고 생각하는가? 그럼 내 설명을 잘 들어 보고 내 말이 왜 틀렸는지 증명해 보게."

"어디 한번 말씀해 보시오."

"아킬레우스가 거북이보다 1000배 빠른 속도로 달린다고 가정해 보세. 느린 거북이를 배려해서 1000m 앞에서 출발하게 하는 걸세. 아킬레우스가 열심히 달려서 거북이가 출발한 위치까지 오면, 그동안 거북이는 1m 앞으로 나아가 있을 거네. 이 1m를 아킬레우스가 따라잡으면 그동안 거북이는 $\frac{1}{1000}$m 앞에가 있겠지. 이 $\frac{1}{1000}$m를 다시 아킬레우스가 따라잡는 시간 동안, 거북이는 또 앞으로 먼저 가 있을 걸세. 이처럼 아킬레우스가 거북이의 위치를 따라잡는 순간 거북이는 항상 앞서 나가 있네. 따라서 아킬레우스는 영원히 거북이를 따라잡을 수 없네."

사실 제논의 주장은 말도 안 되는 것이었어요. 하지만 사람들은 제논의 주장에서 정확히 어디가 잘못되었는지 콕 집어서 말할 수가 없었지요. 사람들은 굳게 입을 다물고 고민만 할 뿐, 아무 말도 할 수 없었답니다.

"나는 거짓말만 해."라고 말하는 사람이 있다고 해 봐요. 그 사람의 말은 사실인지 아닌지 알 수 없어요. 만약 그의 말이 사실이면 그는 거짓말만 하는 사람이 아니게 되고, 그 말이 거짓이라면 그는 사실을 말한 것이기 때문에 거짓말만 하는 게 아니지요. 이와 같이 참도 거짓도 모두 이치에 맞지 않아서 참이라고도 거짓이라고도 말할 수 없는 모순된 문장이나 관계를 '역설'이라고 해요.

고대 그리스의 철학자이자 수학자였던 제논은 반박하기 어려운 여러 가지 역설을 내놓았어요. 그 가운데 가장 유명한 것이 아킬레우스와 거북이 이야기이지요. 이 이야기의 착각은 바로 '시간'을 생각하지 않았다는 거예요. 아킬레우스가 점점 거북이와의 간격을 좁힐수록 앞서가는 거북이의 위치까지 도달하는 데에 걸리는 시간 또한 점점 짧아져서 0이 되는 때가 존재하기 때문이지요. 따라서 아킬레우스는 언젠가는 거북이를 앞설 수 있어요.

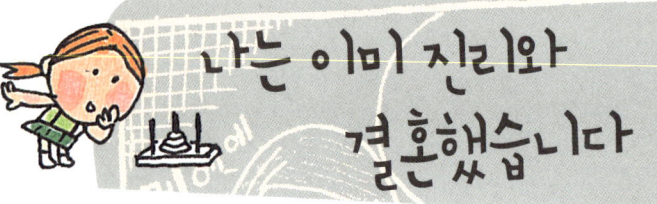

나는 이미 진리와 결혼했습니다

최초의 여성 수학자

  4세기 말, 이집트의 알렉산드리아는 세계의 뛰어난 학자들이 모여드는 학문의 중심지였어요. 이곳 알렉산드리아의 도서관에서 학생들을 가르치며 수학을 연구했던 테온에게는 총명한 딸, 히파티아가 있었지요. 히파티아는 어릴 적부터 아버지에게 예술, 문학, 자연 과학, 철학에 이르기까지 다양한 가르침을 받았어요. 아버지 테온은 그녀에게 최고의 스승님이었지요.

  "히파티아, 우리 무세이온으로 오셔서 학생들을 가르쳐 주십시오."

  히파티아가 아테네로 유학을 갔다가 고향 알렉산드리아로 돌아오자, 그 당시 최고의 학교였던 무세이온에서 히파티아에게 강의를 맡아 달라고 부탁했어요. 히파티아는 이 요청을 받아들였지요. 히파티아의 강의실에는 매일같이 수업을 듣기 위해 몰려드는 학생들로 북적였어요.

"히파티아 스승님은 마치 학문의 여신이신 뮤즈 님 같습니다."

히파티아는 제자들로부터 많은 사랑과 존경을 받아 학문의 여신인 '뮤즈' 또는 '뮤즈의 딸'이라는 별명까지 얻었어요. 봉투에 '뮤즈 여신에게' 또는 '철학자에게' 라고만 써도 편지가 히파티아에게 배달될 정도로 매우 유명했지요.

그녀의 성품과 학식에 반한 많은 왕족과 철학자들이 그녀에게 청혼했어요. 그때마다 히파티아는 이 말과 함께 정중하게 거절했지요.

"나는 이미 진리와 결혼했답니다."

그런데 히파티아의 자유분방한 생각과 행동을 눈엣가시로 여기는 사람들도 있었어요. 당시 알렉산드리아의 기독교도들과 유대교도들이었지요. 그들은 히파티아의 생각과 행동이 성경의 가르침에 어긋난다고 생각했어요. 알렉산드리아의 대주교였던 키릴로스는 수학을 잘하는 여자는 마녀라면서 히파티아를 증오하기까지 했지요. 결국 히파티아는 키릴로스를 따르던 폭도들에게 죽임을 당하고 말았답니다.

'가장 아름답고 가장 순결하며 가장 교양이 높은 여성'으로 알려진 히파티아는 최초의 여성 수학자예요. 히파티아는 디오판토스의 《산학》과 아폴로니우스의 《원추곡선론》에 대한 해설서를 쓰고 아버지를 도와 유클리드의 《원론》에 자세한 설명을 덧붙이는 등 수학 연구에 열심이었고, 의학과 철학 분야에도 지식이 깊었지요. 그러나 안타깝게도 히파티아가 썼던 책과 연구 결과들은 그녀의 죽음과 함께 사라지고 말았어요. 그녀가 죽임을 당한 후, 학문의 중심이었던 알렉산드리아의 도서관은 침입자들에 의해 파괴되었고 도서관에 있던 귀중한 책들도 불타 없어졌지요. 세계 학문의 중심지였던 알렉산드리아는 빛을 잃어 갔어요.

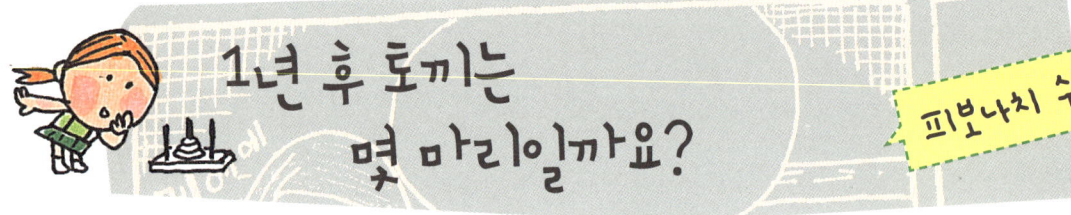

1년 후 토끼는 몇 마리일까요?

피보나치 수열

　12세기 이탈리아에서 태어난 피보나치는 어려서부터 수학에 대한 관심이 남달랐어요. 그의 아버지는 상인 출신에다가 세관 총독을 맡기도 해서 피보나치는 아버지를 따라 어릴 때부터 그리스, 시리아, 시실리 등 지중해 연안의 각지를 다니면서 아랍인들이 발전시킨 수학 지식을 배웠지요. 수학에 대한 열정은 성인이 되어서도 꾸준히 이어졌어요.

　피보나치가 나고 자란 이탈리아는 동서양의 문화가 만나는 곳이어서 무역이 활발했어요. 따라서 이곳의 상인들은 수학 계산에 능숙했지요. 그러나 고대 로마의 숫자와 계산법으로는 불편한 점이 많았어요.

　피보나치는 이슬람의 수학자 알 콰리즈미가 지은 수학책을 읽으며 수학 공부에 몰두하다가 인도-아라비아 숫자를 알게 되었어요. 그러고는 감탄을 금치 못했지요.

"인도-아라비아 숫자는 대단해. 로마 숫자보다 훨씬 효율적이야."

이후 피보나치는 그동안 공부한 수학 지식을 정리하여 《산술서》라는 책을 썼어요. 총 15장으로 구성된 《산술서》의 서문에는 다음과 같은 말을 써 놓았어요.

"나는 이미 알고 있던 방법과 유클리드 기하학의 기법을 인도의 수학에 접목하여 15장으로 된 책을 쓰기로 했다. 이 책을 읽으면 더 이상 이들 수학이 낯설게 느껴지지 않을 것이다."

《산술서》에는 인도-아라비아 숫자와 기수법*에 대한 내용도 담겨 있어요.

"인도-아라비아 숫자는 아홉 숫자 9, 8, 7, 6, 5, 4, 3, 2, 1에 0이라는 기호를 더하여, 어떠한 수도 자유로이 표기할 수 있는 기수법을 쓰고 있다. 이 방법은 지금까지 사용하던 로마 기수법보다 훨씬 편리하다."

피보나치는 인도-아라비아 숫자의 가치와 중요성을 강조하며, 인도-아라비아 숫자로 계산하기를 적극 권했어요. 이 외에도 정수*와 분수, 가정법, 제곱근*, 기하학 등 수학의 다양한 영역들을 설명해 놓았지요. 이후 피보나치의 명성은 날로 높아져서 유럽 전역에 퍼져 나갔답니다.

피보나치의 저서 《산술서》에는 다음과 같은 재미있는 문제도 있어요.

"농장에 어른 토끼 1쌍이 있습니다. 어른 토끼 1쌍은 1달 안에 새끼 토끼 1쌍을 낳을 수 있습니다. 이때 태어난 토끼 1쌍도 1달 후면 어른 토끼가 되어 태어난 지 2달 후부터는 토끼 1쌍을 낳을 수 있습니다. 그렇다면 1년 후 이 농장에 있는 토끼는 전부 몇 쌍일까요?"

이 문제의 풀이는 다음 페이지에서 살펴보기로 해요.

피보나치 수열

피보나치가 낸 문제를 다시 정리하면 다음과 같아요.

- 1월 1일에 태어난 암수 1쌍의 토끼가 있다.
- 모든 달은 30일로 동일하며 1쌍의 토끼는 태어난 지 2달이 지나면 짝을 이루어 매달 2마리의 새끼를 낳는다.
- 그렇다면 1년 후에 전체 토끼는 모두 몇 쌍일까?

토끼의 수를 자세히 관찰해 보면 재미있는 규칙을 찾을 수 있어요. 앞의 두 수를 합하면 다음 수가 되지요. 1과 1을 더해서 2가 되고, 1과 2를 더해서 3이 되고, 2와 3을 더해서 5가 되지요. 이 수열*은 이것을 연구한 사람의 이름을 따서 '피보나치 수열'이라고 불러요.

피보나치 수열은 꽃잎에서도 찾아볼 수 있어요. 우리 주변에서 흔히 볼 수 있는 꽃잎의 개수를 세어 볼까요? 거의 모든 꽃잎이 3장, 5장, 8장, 13장, 21장 등으로 되어 있을 거예요. 이 꽃잎들의 수를 배열해 보면 3, 5, 8, 13, 21, 34……. 피보나치 수열과 일치하지요.

붓꽃 3장　　채송화 5장　　코스모스 8장　　시네라리아 13장

과학자들의 의견에 따르면, 꽃잎은 봉오리를 이루어 꽃이 활짝 피기 전까지 암술과 수술을 보호하는 일을 하는데, 피보나치 수열만큼의 꽃잎이 있어야 가장 효율적인 모양으로 암술과 수술을 감쌀 수 있대요.

피보나치 수열은 앵무조개 껍데기의 무늬에서도 찾을 수 있어요. 달팽이 껍데기나 소라 껍데기에서도 흔히 보이지요.

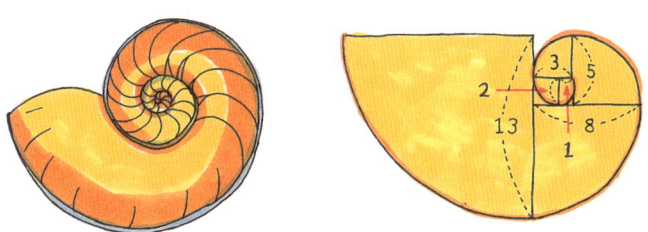

더욱 놀라운 것은 피보나치 수열 안에 황금비가 숨어 있다는 거예요. 수열의 각 수를 앞의 수로 나누면 1÷1=1, 2÷1=2, 3÷2=1.5, 5÷3=1.666…, 8÷5=1.6, 13÷8=1.625……, 대략 이런 수가 나오는데 뒤로 갈수록 그 비율이 황금비인 1:1.616에 가깝지요.

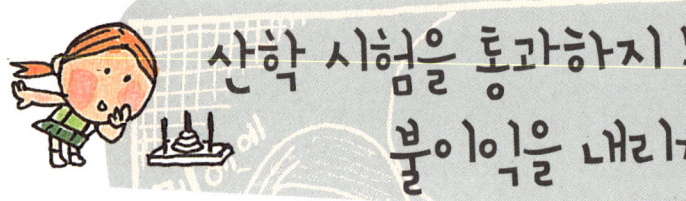
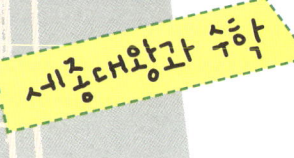

"여봐라, 벼슬이 정삼품 이상인 관리들은 모두 모이도록 하라."

세종대왕의 명이 떨어지자 관리들이 급히 내전으로 모였어요. 세종대왕은 관리들을 바라보며 엄숙하게 말했어요.

"산학을 배우는 것이 유학자에게는 필요 없을 듯하나, 나라를 굳건히 하고 제도를 바르게 갖추려면 반드시 필요하오. 그러니 우리 모두 산학 공부를 열심히 합시다."

"예, 전하."

세종대왕은 머리를 조아린 신하들을 향해 책 한 권을 보여 주었어요.

"이 책을 보고 공부하도록 하시오. 한 달 후에 시험을 치러서 성적이 좋지 않으면 불이익을 내리겠소."

세종대왕이 관리들에게 건넨 책은 《산학계몽》이었어요. 중국 원나라의 주세걸이 지은 책인데, 곱셈, 나눗셈, 무게의 단위 환산, 도량형의 표시, 농토의 측량 단위, 원주율, 분수, 음수, 제곱근 등 수학에 대한 여러 개념과 계산법들을 두루 다루었지요.

세종은 사실 신하들에게 산학 공부를 장려하기 전부터 산학 공부를 해 오고 있었어요. 당시 최고의 학자였던 정인지에게 산학을 배웠지요. 정인지는 언제나 왕의 곁을 지키며 정성을 다해 공부를 도왔어요.

"전하, 틀렸사옵니다. 문제를 다시 풀어 보셔야겠습니다."

"과연 듣던 대로 《산학계몽》은 매우 어렵구려."

신하들도 《산학계몽》의 내용이 어렵기는 마찬가지였어요. 하지만 세종대왕이 앞장서서 산학 공부에 열성을 보이니 신하들도 공부에 매달렸지요. 세종대왕은 세자에게도 산학 공부를 열심히 할 것을 당부했어요.

"세자, 산학 공부를 게을리 하지 말아라. 산학 속에 길이 있느니라."

"예, 아바마마."

세종대왕은 왜 그리 수학을 중시했을까요? 세종은 나라를 발전시키고 백성이 편안하게 살 수 있도록 하려면 과학 기술과 농업 기술을 발달시켜야 한다고 믿었어요. 그러려면 수학 지식을 쌓는 일이 우선되어야 했지요. 또한 토지에 따라 알맞은 세금을 매기고 그 세금을 적절히 쓰는 일도 나라 발전에 매우 중요한 일인데, 여기에도 수학이 반드시 필요했지요.

이처럼 일찍이 수학의 중요성을 깨달았던 세종대왕은 스스로 《산학계몽》을 공부하고, 관리들을 중국으로 유학을 보내는 등 수학 교육에 힘을 쏟았어요. 덕분에 세종대왕이 나라를 다스리던 시대에는 수학뿐만 아니라 수학을 기본으로 한 천문학과 과학 기술이 크게 발달할 수 있었지요.

이 문제를 한번 풀어 보시겠습니까?

수학 대결

1713년, 청나라는 조선에 하국주라는 사신을 파견했어요. 그는 수학 실력이 무척 뛰어나기로 유명했어요.

조선에 온 하국주는 뜻밖의 요구를 했지요.

"조선의 수학자와 만나서 수학 실력을 한번 겨루어 보고 싶군요."

하국주의 말에 조선의 관리들은 깜짝 놀라 부랴부랴 수학자 두 사람을 데려왔어요. 홍정하와 유수석이었지요. 조선의 수학자를 만난 하국주는 무척 거만한 표정으로 문제를 냈어요.

"사람 360명이 있는데 한 사람마다 은 1냥 8전을 낸다면 그 합계는 얼마입니까? 또, 은 351냥이 있는데 쌀 한 섬의 값이 1냥 5전이라면, 쌀 몇 섬을 살 수 있겠습니까?"

홍정하는 몇 초도 채 되지 않아 문제의 답을 말했어요.

"첫 번째 문제의 답은 648냥이고, 두 번째 문제의 답은 234섬입니다."

은 1냥은 10전이므로, 첫 번째 문제는 360×1.8=648, 즉 648냥이에요. 두 번째 문제는 351÷1.5= 234섬이에요. 곱셈과 나눗셈만 알면 쉽게 풀 수 있는 문제였지요. 아마 조선 수학자들의 실력을 너무 얕본 모양이에요. 하국주는 홍정하가 너무 간단히 풀자, 좀 더 어려운 문제를 냈어요.

"크고 작은 정사각형 2개가 있습니다. 두 정사각형의 넓이의 합은 468평방 자이고, 큰 정사각형의 한 변은 작은 쪽의 한 변보다 6자만큼 깁니다. 두 정사각형의 각 변의 길이는 얼마이겠습니까?"

홍정하는 유수석과 함께 문제를 풀었어요.

"큰 정사각형의 한 변의 길이는 18자이고, 작은 정사각형의 한 변의 길이는 12자입니다."

이 문제는 방정식을 이용하면 쉽게 풀 수 있어요. 큰 정사각형의 한 변의 길이를 x, 작은 정사각형의 한 변의 길이를 y 라고 하여 문제를 방정식으로 나타낼 수 있어요. 그리고, 정사각형의 넓이는 (가로)×(세로)로 구할 수 있지요.

$$x^2 + y^2 = 468$$
$$x = y + 6$$

$x = y + 6$ 이므로, $x^2 + y^2 = 468$ 에 이것을 대입하면

$(y+6)^2 + y^2 = 468 \rightarrow y^2 + 12y + 36 + y^2 = 468 \rightarrow 2y^2 + 12y - 432 = 0$

즉, $y = 12$ 이에요. 따라서 큰 정삼각형의 한 변은 18이고, 작은 정사각형의 한 변의 길이는 12이지요.

홍정하와 유수석이 이번에도 쉽게 문제를 맞히자, 청나라 사신 한 명이 하국주의 체면을 세워 주기 위해 이렇게 말했어요.

"우리 하국주 님은 수학에 대한 지식이 한없이 깊은 천하의 대가입니다. 두 분과는 비교가 안 되지요. 이번에는 두 분이 하국주 님께 문제를 내 보시지요."

조선의 홍정하는 아주 어려운 문제를 냈어요.

"여기 공 모양의 옥석이 있습니다. 이 옥에 내접하는 정육면체 부분을 뺀 나머지 옥석의 무게는 265근 15냥 5전이고, 이 옥석의 가장 두꺼운 부분의 두께는 4치 5푼입니다. 그렇다면 옥석의 지름과 정육면체 한 변의 길이는 각각 얼마이겠습니까?"

문제를 듣고 난 하국주의 등에 식은땀이 흘렀어요. 하국주는 다음 날까지 풀겠노라고 약속했지요. 하지만 다음 날은 물론이고 결국 청나라로 돌아갈 때까지 문제를 풀지 못했어요. 하국주는 우리 수학자들의 뛰어난 실력을 인정할 수밖에 없었지요.

이로써 청나라 수학자 하국주와 조선의 수학자 홍정하, 유수석의 대결은 조선의 승리로 끝이 났답니다.

이 이야기는 홍정하가 쓴 수학책 《구일집》에 자세히 나와 있어요. 《구일집》에는 총 473개의 문제가 실려 있는데, 이 문제들을 보면 조선 시대의 수학 수준이 얼마나 뛰어났는지를 쉽게 짐작할 수 있어요. 우리나라 수학이 중국의 영향을 많이 받은 건 사실이지만 창의적인 문제와 독자적인 해법으로 수학을 연구하고 발전시켰답니다.

홍정하가 낸 옥석 문제 풀이

홍정하가 낸 문제는 적어도 중학생은 되어야 풀 수 있는 무척 어려운 문제예요. 그래서 문제를 조금 바꾸어서 풀어 보도록 해요.

공 모양의 물체가 있습니다. 이 물체 안에 꼭 들어맞는 정육면체가 있다고 할 때, 옥석의 부피에서 정육면체의 부피를 뺀 값은 192, 이 정육면체를 뺐을 때, 가장 두꺼운 부분의 두께는 2입니다. 이 옥석의 지름과 옥석 안에 꼭 들어맞는 정육면체 한 모서리의 길이는 얼마일까요?

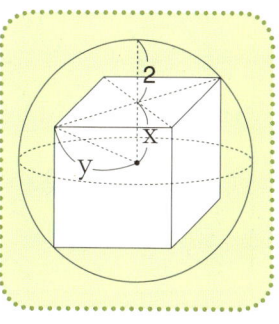

이 문제를 방정식으로 나타내면 아래와 같습니다.

(정육면체의 모서리 길이의 반을 x, 옥석의 반지름의 길이를 y로 둡니다.)

$$y = x + 2$$
$$\underbrace{\left(\frac{4}{3} \times 3 \times y \times y \times y\right)}_{\text{구의 부피}} - \underbrace{(2x \times 2x \times 2x)}_{\text{정육면체의 부피}} = 192$$

구의 부피 구하는 방법

$\frac{4}{3}$×원주율×반지름×반지름×반지름

(조선 시대에는 원주율을 3으로 계산했음)

이 방정식을 풀면 $x = 2$, $y = 4$가 됩니다.

정육면체 한 모서리의 길이의 반이 2이므로 정육면체의 한 모서리의 길이는 4예요. y는 옥석의 반지름의 길이이므로 옥석의 지름은 8이지요.

병사들이 몇 명이나 남았을까?

공배수와 최소공배수

"전군 진격! 앞으로!"

장군이 산이 떠나갈 듯 소리치며 앞장서 달려갔어요. 그 뒤를 따라 1000여 명의 병사들도 함성을 지르며 적진을 향해 돌진했지요. 그런데 적군이 진을 치고 있던 계곡 앞에 다다르자 적군의 모습이 보이지 않았어요.

"어? 이게 어떻게 된 거지? 여기가 아닌가?"

선두에 선 장군은 예상치 못한 상황에 어리둥절했어요. 그때였어요. 계곡에 숨어 있던 적군이 맹렬히 공격해 오는 것이었어요.

"두려워 마라. 전투태세를 갖추어라."

장군의 독려에도 불구하고 병사들은 허둥대다가 뿔뿔이 흩어졌어요. 하는 수 없이 장군도 후퇴할 수밖에 없었지요. 제대로 싸워 보지도 못하고 도망친 장군은 분해서 가만히 있을 수 없었어요.

"분하다. 반드시 갚아 주겠다! 다시 전투태세를 갖추어라."

그러자 부하 장수들이 장군을 말리며 설득했어요.

"장군, 병사들이 많이 지쳐 있사옵니다. 지금 당장 진격하는 것은 무리입니다. 우선 병사들이 몇 명이나 있는지 확인하시고 군대를 재정비하는 것이 급합니다."

"그렇다면 병사들의 수를 빨리 세어 보아라. 서두르지 않으면 너의 목을 베고야 말겠다."

장군은 부하 장수들에게 으름장을 놓았어요. 부하 장수들은 장군의 서슬 퍼런 목소리에 즉시 병사의 수를 헤아리기 시작했지요. 그런데 병사들이 여기저기 흩어져 있다 보니 그 수를 파악하기가 쉽지 않았어요.

"이를 어쩌나? 빨리 병사들의 수를 세지 못하면 불호령이 떨어질 텐데."

부하 장수들이 난감해하고 있던 그때, 한 병사가 앞으로 나와 병사들의 수를 간단하게 세어 보였어요.

"장군님, 병사의 수는 모두 864명입니다."

"허허, 놀라운 계산법이구나. 이런 똑똑한 병사가 나의 군에 있었다니 무척 자랑스럽도다."

장군은 놀라운 수학 실력을 갖춘 병사에게 특별상을 내렸다고 해요.

똑똑한 병사는 어떻게 남아 있는 병사들의 수를 재빨리 헤아릴 수 있었을까요? 그 비밀은 바로 공배수*와 최소공배수*에 있답니다. 그럼 먼저 공배수와 최소공배수가 무엇인지부터 알아야겠지요?

공배수와 최소공배수

공배수란 2개 이상의 자연수들의 배수 가운데 공통된 수를 말해요. 예를 들어 3의 배수* 3, 6, 9, 12, 15, 18, 21, 24가 있고, 4의 배수 4, 8, 12, 16, 20, 24가 있을 때, 3과 4의 배수 가운데 공통된 수인 12와 24가 공배수이지요. 그리고 이 공배수들 가운데 가장 작은 공배수를 최소공배수라고 해요. 3과 4의 최소공배수는 12예요. 그런데 공배수와 최소공배수 사이에는 또 다른 비밀이 숨어 있어요. 바로 모든 공배수는 최소공배수의 배수라는 규칙이지요. 따라서 3과 4의 최소공배수인 12의 배수 12, 24, 36은 모두 3과 4의 공배수랍니다.

공배수와 최소공배수를 이용해서 병사의 수를 세는 방법

똑똑한 병사는 먼저 병사들에게 5명씩 짝을 지으라고 말했어요. 그러자 짝을 짓지 못한 사람 3명이 남았지요.

그 다음, 병사들을 11명씩 짝을 지으라고 말했어요. 이번에는 짝을 짓지 못한 사람이 5명이었어요.

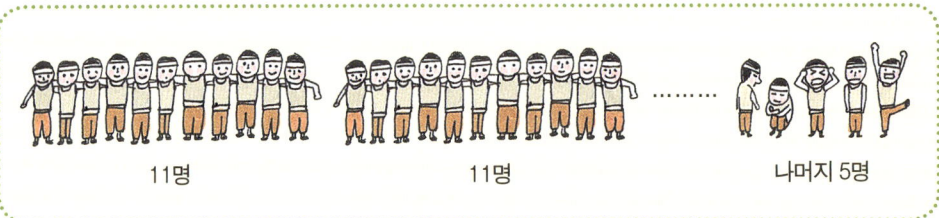

마지막으로 병사들에게 13명씩 짝을 지으라고 했어요. 이번에도 짝을 짓지 못한 사람이 5명 남았어요.

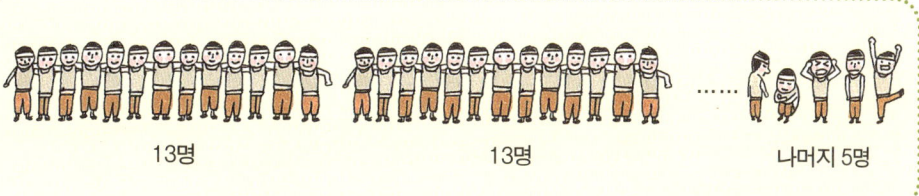

똑똑한 병사는 11명씩 짝을 지었을 때와 13명씩 짝을 지었을 때 모두 짝을 짓지 못한 병사의 수가 5명인 것을 보고, 남아 있는 병사의 수에서 5를 빼면 11과 13으로 나누어떨어진다는 것을 알아냈어요. 반대로 생각하면 11과 13의 최소공배수인 143의 배수에 나머지 5명을 더하면 병사의 수가 나온다는 것을 알 수 있지요.

그렇다면 남은 병사의 총 수는 143+5명, 286+5명, 429+5명, 572+5명, 715+5명, 858+5명 가운데 하나가 될 거예요. 1001+5명은 안 되냐고요? 앞의 이야기에서 처음에 장군을 따랐던 병사는 1000여 명이었거든요. 그러니까 1000명보다 많을 수는 없지요.

그런데 처음에 5명씩 짝을 지었을 때 짝을 짓지 못한 사람이 3명이었다고 했어요. 따라서 병사의 수는 일의 자릿수가 3또는 8이 된다는 것을 알 수 있어요. 그러므로 병사의 수는 148명 또는 863명 중에 하나겠지요. 남은 병사가 148명인지 863명인지는 수 차이가 워낙 커서 한눈에 알아볼 수 있겠지요?

그런데, 한 가지 이상한 점이 있어요. 똑똑한 병사가 말하기를 남은 병사의 수는 864명이라고 했어요. 어떻게 된 걸까요? 똑똑한 병사는 병사의 수를 세기 위해 짝을 지을 때 참여하지 않았기 때문에, 자신까지 포함해서 864명이라고 대답한 거예요.

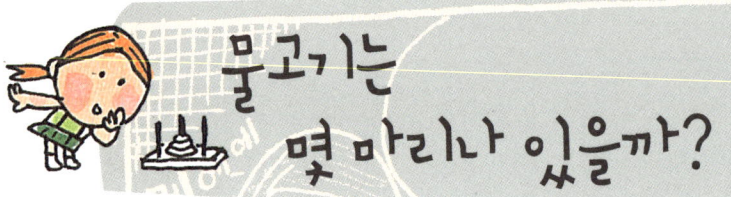

물고기는 몇 마리나 있을까?

비례식의 성질

　진이는 아빠와 함께 아빠 친구의 양어장에 놀러 갔어요. 넓은 양어장에는 수많은 물고기가 헤엄치고 있었지요. 그 광경을 바라보던 진이가 말했어요.

　"아빠, 이 양어장에 물고기가 얼마나 사는지 궁금해요. 양어장 안으로 들어가서 물고기 좀 잡아 주세요."

　진이의 말에 아빠는 깜짝 놀라 눈이 휘둥그레졌지요.

　"이 양어장에 있는 물고기를 몽땅 잡으란 말이니?"

　"아니요, 100마리만 잡아 주세요. 그거면 충분해요."

　때마침 양어장 주인인 아빠 친구가 두 사람 곁으로 다가왔어요.

　"마침 잘됐네. 나도 양어장에 물고기가 얼마나 있는지 궁금했는데. 진이야,

물고기 100마리만 잡으면 정말 이 안에 있는 물고기의 수를 알 수 있는 거니?"

"그럼요."

진이 아빠와 아빠 친구는 반신반의하며 물고기 100마리를 잡았어요. 잡은 물고기를 진이에게 보여 주자 이번에는 진이가 이렇게 말했어요.

"잡은 물고기의 지느러미에 꼬리표를 달아 주세요. 그리고 물고기들을 양어장에 다시 놓아주세요."

물고기 100마리가 지느러미에 꼬리표를 단 채, 다시 양어장으로 돌아갔어요.

"이제 물고기들이 다른 물고기들과 섞여 헤엄칠 때까지 기다려 주세요."

잠시 후, 진이는 다시 아빠에게 물고기 100마리를 잡아 달라고 했지요.

"이번에 잡은 물고기 100마리 중에 꼬리표가 달린 물고기가 몇 마리인지 세어 보세요."

"다시 잡은 물고기들 중에 5마리에 꼬리표가 달려 있구나."

"아빠, 이 양어장에는 물고기가 2000마리 정도 있어요."

진이는 비례식의 성질로 물고기의 수를 알아냈어요. '전체 물고기 수'에 대한 '처음에 잡은 물고기 수'의 비와, '두 번째 잡은 물고기 수'에 대한 '두 번째 잡은 물고기 수 가운데 꼬리표가 달린 물고기 수'의 비가 같다는 걸 이용한 거예요.

> 처음에 잡은 물고기 : 전체 물고기 = 꼬리표 달린 물고기 : 두 번째 잡은 물고기
> (100)　　　　　　(x)　　　　　(5)　　　　　　(100)

이 식을 외항의 곱과 내항의 곱은 같다는 비례식의 성질을 이용하여 문제를 풀면, $100 \times 100 = x \times 5$. 따라서 x의 값은 2000이 되지요. 이를 통해 양어장 안에 있는 물고기의 수가 대략 2000마리라고 예상할 수 있는 거예요.

힐베르트 호텔에 어서 오세요

무한

힐베르트 호텔에는 방이 '무한' 개 있어요. 인기 많은 이 호텔은 언제나 손님들로 붐볐지요. 이 날도 어김없이 모든 객실에 손님이 꽉 찼어요. 그런데 손님 1명이 찾아와 방을 달라고 했지요.

"손님, 저희 힐베르트 호텔은 현재 모든 객실에 손님이 묵고 계셔서 빈 방이 없습니다. 하지만 잠시 기다리시면 빈 방을 만들어 드리겠습니다."

힐베르트는 자신만만한 표정으로 손님에게 말했어요. 힐베르트는 호텔 안에 있는 모든 손님이 들을 수 있도록 방송을 했어요.

"손님 여러분, 지금 즉시 묵고 있는 방의 옆방으로 옮겨 주시기 바랍니다. 1호실 손님은 2호실로, 2호실 손님은 3호실로, 이렇게 모든 손님은 자기가 묵는 방

번호에서 숫자 1을 더한 호실로 가 주시기 바랍니다."

손님들은 힐베르트의 말대로 묵고 있던 방의 옆방으로 짐을 옮겼어요. 그러자 1호실이 비게 되었지요. 새로 온 손님은 1호실에 묵었어요.

그런데 이 일로 손님들은 무척 화가 났어요. 감히 손님들에게 방을 빼라고 하다니요. 손님들은 힐베르트를 골탕 먹이기 위해 각자 친구 1명씩을 데려왔어요. 현재 호텔에 묵고 있는 손님만큼의 사람들이 빈 방을 달라며 아우성이었지요.

힐베르트는 당황하기는커녕 웃으며 다시 방송을 했어요.

"손님 여러분, 죄송하지만 지금부터 다시 한 번 방을 옮겨 주시면 감사하겠습니다. 1호실 손님은 2호실로, 2호실 손님은 4호실로, 3호실 손님은 6호실로, 이렇게 모든 손님은 자기가 묵는 방 번호에서 숫자 2를 곱한 호실로 가 주시기 바랍니다."

방송을 마친 힐베르트는 새로 온 손님들을 향해 말했어요.

"자, 새로 온 손님들께서는 1호, 3호, 5호……, 이렇게 홀수 호실이 비었으니 한 분씩 방에 들어가 주십시오."

새로운 손님들도 모두 자기가 묵을 방으로 들어갈 수 있었답니다.

이 이야기는 독일의 수학자 힐베르트가 신비한 무한의 성질을 알려 주기 위해 지어낸 재미있는 이야기예요. 무한이란 개념은 수학, 신학 및 철학을 비롯한 여러 분야에서 두루 쓰이고 있는데, 대체로 끝이 없거나 한없이 커지는 상태를 말하지요. 따라서 방이 무한 개인 힐베르트 호텔에서는 언제나 빈 방을 만들 수 있으므로 계속해서 새로운 손님을 받을 수 있어요.

이를 수학적으로 표현하면 '∞(무한을 뜻하는 기호)$+1=\infty$, 즉 무한의 수에 1을 더하면 무한이 된다, $\infty \times 2 = \infty$, 즉 무한의 수에 2를 곱해도 무한이 된다.'고 할 수 있어요. 물론 이 이야기는 무한이라는 가상 공간에서만 가능하지요.

파리를 보고 좌표를 탄생시켰어요

좌표

데카르트는 어릴 적부터 몸이 약했어요. 그래서 아침 늦게까지 침대에 누워서 휴식을 취하다가 해가 높이 뜬 정오 무렵에나 일어나곤 했지요.

"하루 중에 아침 시간이 가장 행복해. 유일하게 깊은 생각을 할 수 있는 시간이니까……."

데카르트가 군에 입대하여 장교 생활을 하던 때 있었던 일이에요. 그날 아침도 데카르트는 잠에서 깼지만 침대에 누워 여러 가지 생각을 하고 있었어요. 그러다가 문득 바둑판 모양의 천장에 붙어 있는 파리 한 마리를 보게 되었지요.

'어? 파리가 천장에 붙어 있군.'

침대에 누워서 파리를 보던 데카르트는 갑자기 궁금증이 생겼어요.

'파리가 천장 어디에 위치해 있는지, 어떻게 하면 정확히 설명할 수 있을까?'

데카르트는 이런 의문에서 '좌표'를 생각해 냈어요. 천장에 붙어 있는 파리의 정확한 위치를 나타내기 위해서는 기준이 되는 무언가가 필요했지요. 그래서 천장과 벽이 만나는 모서리 2개를 기준선으로 정했어요. 기준선과 기준선이 만나는 점을 중심으로 하여 파리의 위치를 아래 기준선으로부터 '얼마,' 왼쪽 기준선으로부터 '얼마'라고 표시한다면 파리의 위치를 정확히 설명할 수 있지요.

예를 들어, 오른쪽 좌표평면에서 파리의 위치는 (2, 3)이에요. 이처럼 평면 위의 모든 점은 숫자 2개로 정확하게 나타낼 수 있어요. 이렇게 평면이나 공간 안의 점의 위치를 나타내는 수나 수의 짝을 '좌표'라고 해요.

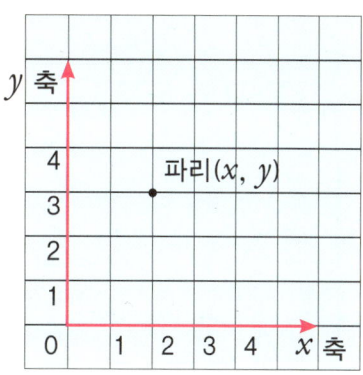

좌표는 변화하는 양을 나타낼 수도 있어요. 가령 파리가 움직이는 이동 경로를 나타낼 때 x축과 y축을 이용하면 쉽게 나타낼 수 있지요.

좌표는 날씨의 변화나 주식 시세 등 변화하는 움직임을 나타내는 데 널리 쓰이고 있어요. 복잡한 자료도 좌표평면을 이용하여 그래프로 보여 주면 변화를 한눈에 알 수 있고, 미래도 예측할 수 있지요. 또한 좌표를 이용하면 위치를 정확하게 표시할 수 있기 때문에, 목표물을 정확히 맞혀야 하는 미사일이나 위치를 정확하게 집어내야 하는 교통 안내 시스템 등에도 유용하게 쓰입니다.

 나는 생각한다. 고로 나는 존재한다.

프랑스의 철학자이자 수학자인 데카르트가 남긴 유명한 말이에요. 데카르트는 참된 진리를 찾기 위해 세상 모든 것에 의문을 갖고 끊임없이 생각해야 한다고 믿었지요.

수학자 뉴턴의 위대한 발견

미적분그

아이작 뉴턴은 1643년에 영국의 어느 작은 마을에서 태어났어요. 뉴턴은 생각하기를 좋아하는 조용한 성격의 아이였어요. 눈에 보이지 않는 것들에 대해서 생각하고 여러 가지 자연 현상들을 탐구하며 스스로 공부했지요.

청년이 된 뉴턴은 영국의 케임브리지 대학에 입학했어요. 대학에서 태양과 별의 관계에 대해 연구하면서 천문학 책을 읽게 되었는데, 책의 내용을 이해하기 위해서는 기하학을 알아야 했어요. 그래서 뉴턴은 유클리드의 《원론》을 구해서 읽었어요. 《원론》을 읽고 나서는 과학을 연구하려면 가장 기초가 되는 학문인 수학이 필요하다는 것을 깨달았지요. 그 후 뉴턴은 수많은 수학책을 읽었고, 잠도 자지 않고 열심히 수학 공부를 했어요. 그러던 중, 1665년 무렵 영국에 흑사병이 크게 퍼지면서 사람들이 죽어 나갔어요. 학교가 문을 닫았고 뉴턴은 고향으로 돌아가야만 했어요.

뉴턴은 고향에 돌아와서도 과학과 수학 연구에 온 열정을 바쳤는데, 이때의 2년간을 훗날 사람들은 '기적의 해'라고 불러요. 뉴턴의 업적 가운데 대부분이 이 시기에 싹텄기 때문이에요.

1666년의 어느 날이었어요. 뉴턴은 집 근처 사과나무 아래 앉아서 여느 때처럼 깊은 생각에 잠겨 있었어요. 그때 마침 사과가 '쿵' 하고 떨어졌지요. 그 순간 어떤 생각이 뉴턴의 머릿속을 파고들었어요.

'바람도 없는데 왜 사과가 떨어졌을까? 그래! 어떤 힘이 있어서 사물들을 끌어당기고 있는 거야.'

뉴턴은 이렇게 질량이 있는 모든 물체들은 서로 잡아당긴다는 만유인력의 법칙을 발견했어요.

뉴턴의 발견은 이걸로 그치지 않았어요. 그는 행성이 타원형으로 돌 때의 순간 속도 같은, 까다로운 계산을 하려고 했어요. 그런 가운데 '유율법'이라고 하는 현재의 미적분*법을 발견하여 물체의 운동과 그 변화를 수학적으로 계산할 수 있게 되었지요. 미적분의 발견으로 현대 수학이 활짝 꽃피웠답니다.

뉴턴은 과학자로 유명하지만, 수학자로도 유명해요. 아르키메데스, 가우스와 함께 세계 3대 수학자 가운데 한 사람으로 손꼽히지요.

뉴턴은 미적분의 개념을 발견한 지 20년 후 《자연 철학에 대한 수학적 원리》라는 책을 발표했어요. 뉴턴은 이 책에서 우주의 원리를 수학적으로 풀어 냈어요. 만유인력의 법칙, 관성의 법칙, 행성의 타원 궤도 문제도 이 책을 통해 처음 세상에 나왔지요. 이 책에는 미적분에 대한 내용은 들어 있지 않지만, 미적분을 알아야만 쓸 수 있는 내용들로 구성되어 있답니다.

두 위대한 수학자의 싸움

미적분 II

독일의 수학자이자 과학자, 그리고 철학자인 라이프니츠는 1646년 독일 라이프치히라는 곳에서 태어났어요.

라이프니츠는 무척 총명하여 어려서부터 라틴어와 그리스 어에 재능을 보였어요. 열다섯 살에 대학 법학과에 입학했지만 법학만 공부하는 것이 아니라 철학과 수학 공부에도 열심이었어요.

라이프니츠는 스물여섯 살이 되던 해 호이겐스라는 물리학자를 알게 되었어요. 호이겐스는 라이프니츠의 수학적 재능을 알아보고 직접 수학을 가르쳐 주었어요. 라이프니츠는 점점 수학의 세계에 빠져들어서 틈이 날 때마다 수학 공부에 열중하며 시간을 보냈어요.

그러던 어느 날 라이프니츠는 수학 역사상 위대한 발견을 하게 되었어요. 바로 미적분을 발견한 것이지요. 1673년과 1676년에 걸쳐 이루어진 일이에요. 라이프니츠는 미적분학의 발견이 수학의 역사를 크게 바꾸어 놓을 거라는 걸 직감했어요. 라이프니츠는 미적분학을 공식적으로 발표했지요.

그런데 라이프니츠의 미적분 발표를 보고 뉴턴과 그의 제자들은 발끈했어요. 그도 그럴 것이 라이프니츠가 미적분법을 발표하기 수년 전, 이미 뉴턴은 미적분법을 고안하여 사용했기 때문이에요. 하지만 라이프니츠처럼 공식적으로 발표하지는 않았지요. 그래서 이런 얘기가 나오기 시작했어요.

"라이프니츠가 뉴턴의 연구를 표절했다."

그러자 라이프니츠도 크게 화를 냈지요.

"뭐라고? 내가 뉴턴의 연구를 표절했다고? 말도 안 되는 소리."

두 사람은 서로 미적분의 창시자라고 주장하며 오랜 기간 싸웠어요. 하지만 이 문제는 쉽게 해결되지 않았지요. 그러다 1712년, 영국 왕립 협회가 뉴턴의 손을 들어 줌으로써 라이프니츠가 표절한 것으로 결론지었지요. 하지만 이 논쟁은 라이프니츠와 뉴턴이 세상을 떠난 후에도 끝나지 않았어요. 심지어 독일, 프랑스, 네덜란드 등의 유럽 대륙과 영국의 싸움으로까지 번졌지요. 결국 1820년대가 되어서야 뉴턴과 라이프니츠가 독립적으로 미적분을 발견했고, 발견은 뉴턴이 조금 빨랐으나 발표는 라이프니츠가 먼저 한 것으로 결론이 났어요.

이제 뉴턴과 라이프니츠 두 사람 다 미적분의 창시자로 인정받고 있어요. 비슷한 시기에 서로 다른 땅에서 각자 다른 방법으로 미적분을 발견했다는 것은 참으로 신기한 일이지요. 발견은 뉴턴이 조금 빨랐지만, 현재 우리가 사용하는 미적분 계산 방법과 기호는 라이프니츠가 고안한 것이라고 해요.

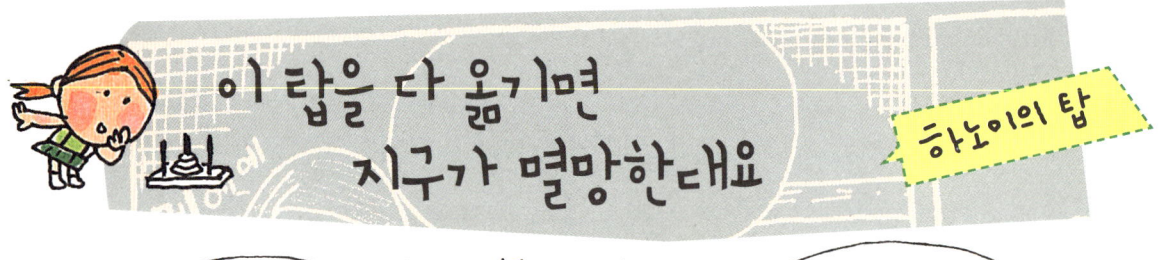

아주 먼 옛날 인도의 갠지스 강 기슭에는 사원이 하나 있었어요. 이 사원에는 세상의 중심을 나타내는 큰 돔이 있고 그 안에 3개의 다이아몬드 기둥이 동판 위에 세워져 있었지요. 이 탑에는 재미있는 전설이 전해 내려오고 있어요.

하느님이 천지를 창조하실 때, 신은 가운데에 구멍이 뚫린 황금 원판 64개를 만들었어요. 그리고 3개의 다이아몬드 기둥 중 하나에 원판 64개를 큰 것부터 순서대로 쌓아 놓았지요. 그런 다음 승려들을 한자리에 모아 놓고 말했어요.

"잘 들어라. 여기 있는 64개의 원판을 빈 기둥 2개 가운데 한 곳으로 모두 옮겨 놓아라. 단, 조건이 3가지 있다. 첫째, 원판은 1번에 1개씩 옮겨야 한다. 둘째, 옮기는 과정에서 절대로 큰 원판이 작은 원판 위에 놓여서는 안 된다. 셋째,

기둥이 없는 곳에 원판을 올려 놓아서도 안 된다."

그때 한 승려가 신을 바라보며 떨리는 목소리로 물었어요.

"신이시여, 왜 원판을 옮겨야 합니까?"

승려의 물음에 신은 엄숙한 표정으로 대답했어요.

"원판 64개를 모두 옮기면, 마침내 세상은 종말을 맞이할 것이다. 자, 원판을 옮기도록 하라."

승려들은 신의 명령에 따라 원판을 하나씩 옮기기 시작했대요.

승려들이 만약 1초에 1개의 원판을 옮긴다고 가정했을 때, 64개의 원판을 모두 다른 기둥으로 옮기려면 얼마나 걸릴까요?

원판의 개수가 1개일 때는 이동 횟수는 1회, 원판의 개수가 2개일 때는 이동 횟수가 3회예요. 또 원판의 개수가 3개일 때는 이동 횟수는 7회, 원판의 개수가 4개일 때는 이동 횟수는 15회랍니다. 이것을 나열해 보면, 1, 3, 7, 15, …로 원판의 개수가 n개일 때 이동 횟수가 2^n-1회 라는 걸 알 수 있어요. 따라서 원판의 개수가 64개이면 $2^{64}-1$회가 되고 이는 18446744073709551615회이지요. 이것을 시간으로 계산하면, 약 5850억 년이에요.

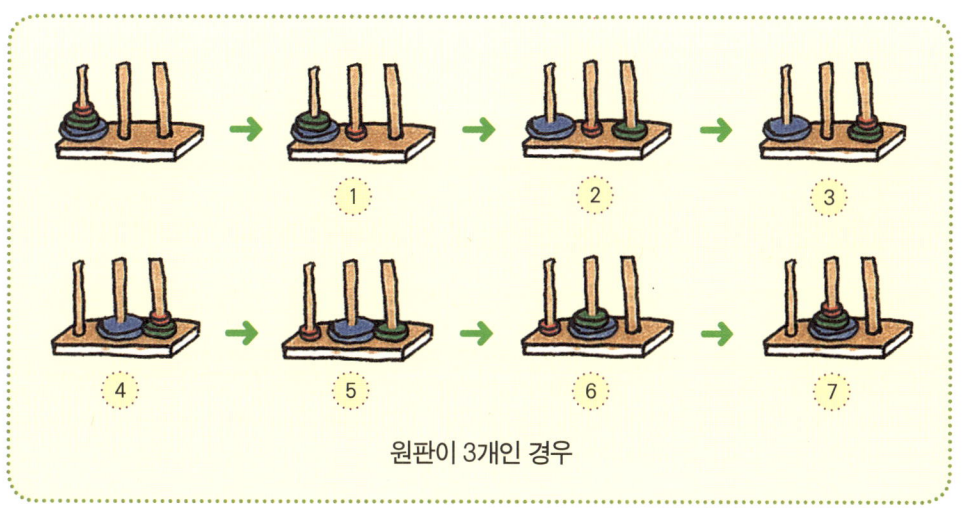

원판이 3개인 경우

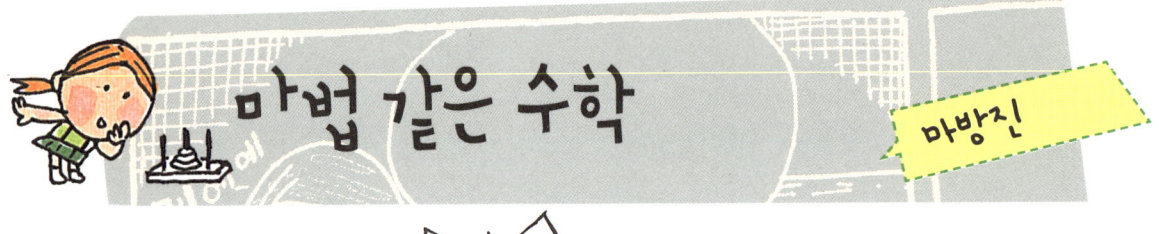

마법 같은 수학

마방진

지금으로부터 약 4000년 전, 중국 우왕 때의 일이에요. 해마다 황하의 강물이 넘쳐 수많은 집과 논밭이 물속에 잠겨서 백성들의 고통이 이만저만이 아니었지요. 이 문제를 고민하던 우왕은 강 옆의 벼랑을 깎아 물길을 넓혀 홍수를 대비하고자 했어요.

"여봐라! 어서 강의 물길을 넓히는 공사를 시작하라."

곧바로 공사가 시작되었어요. 그런데 공사 중간에 강둑이 무너져 내리는 일이 일어났지요. 사람들은 무너진 강둑을 다시 세우느라 애를 먹었지요.

그때 강 한가운데에서 거북 한 마리가 강 위로 떠올랐어요. 거북의 등에는 신비한 무늬가 새겨져 있었어요. 이를 기이하게 여긴 우왕이 신하에게 말했지요.

"아무래도 저 거북은 보통 거북이 아닌 성싶다. 여봐라, 저 거북의 등에 새겨진 무늬에 대해서 알아보아라."

무늬를 연구하던 신하들은 재미있는 사실을 발견했어요. 거북의 등에 새겨진 무늬에서 점의 개수를 세서 숫자로 나타내 보니, 1부터 9까지의 숫자가 빠짐없이 들어 있는 것이었어요. 게다가 이 수들을 가로, 세로, 대각선 그 어떤 방향으로 더해도 모두 15라는 일정한 값이 나왔어요.

2	9	4
7	5	3
6	1	8

놀랍게도 이 거북이 강 위로 떠오른 다음부터는 황하도 더 이상 넘치지 않았어요. 이 모든 것이 신비한 거북 덕분이라고 믿게 된 사람들은 기이한 힘을 지닌 이 숫자들을 악마의 기운을 막아 준다는 뜻에서 '마방진'*이라고 불렀어요.

고대 사람들은 마방진을 오랫동안 점술에 이용해 왔어요. 그러다 세월이 흐르면서 사람들은 마방진을 수학으로 접근하기 시작했지요. 또 가로, 세로 3칸씩으로 이루어진 3차 마방진에서 4차 마방진, 5차 마방진으로 점점 넓혀 갔어요.

《삼국지》를 보면 제갈공명이 마방진을 이용해서 군사를 배치했다고 해요. 그러면 어느 방향으로 세어 보아도 군사의 수가 같기 때문에, 실제 군사의 수보다 많아 보이는 효과가 있다고 해요.

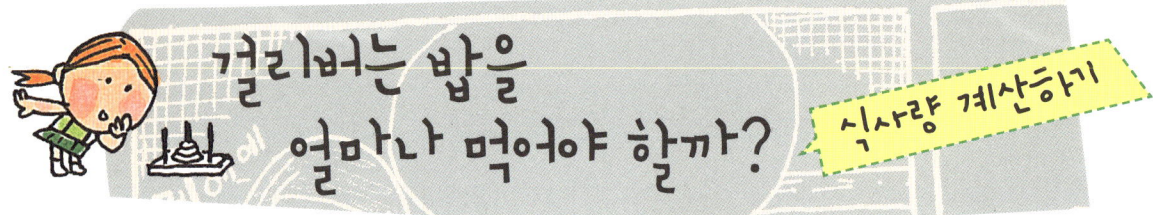

걸리버가 눈을 떴을 때는 이미 해가 높이 떠올라 있었어요. 걸리버는 몸을 일으키려 했지만 꼼짝할 수가 없었어요. 걸리버의 두 팔과 두 다리, 온몸이 꽁꽁 묶여 있었거든요.

잠시 후, 걸리버는 왼쪽 다리를 타고 무언가가 기어올라 오는 것을 느꼈어요. 그것이 턱에까지 왔을 때, 걸리버는 눈을 아래로 힘껏 내리깔았어요. 그러자 키가 15cm 정도 되어 보이는 작은 사람들이 서 있는 게 보였지요.

"으아악!"

걸리버가 너무 놀라 큰 소리로 비명을 지르자, 작은 사람들도 깜짝 놀라 모두 달아났어요. 곧바로 걸리버를 향해 무수히 많은 화살들이 쏟아졌지요. 걸리버는 가만히 누워 있는 것이 차라리 나을 것 같다는 생각에 잠자코 기다려 보기로 했어요. 시간이 흐르자 작은 사람들도 차츰 걸리버가 위협적인 존재가 아니라는 것을 깨닫게 되었고, 이내 걸리버의 가슴 위로 올라와 춤을 추며 기뻐했지요.

요정처럼 작은 이 사람들은 소인국 릴리푸트의 사람들이었어요. 릴리푸트 인들은 식사 때마다 걸리버에게 릴리푸트 인 1728명이 먹을 만큼의 음식과 음료수를 가져다주었어요.

훗날 자기 나라로 돌아온 걸리버는 자기 몸의 $\frac{1}{12}$만 한 소인국 사람들의 모습을 이렇게 묘사했다고 해요.

"요리사 300명은 내 집 주위에 있는 작은 집에 살면서 나를 위해 음식을 만들었다. 식사 때마다 나는 20명의 하인들을 식탁 위로 올려 주었고, 100명의 하인들은 바닥에서 기다리고 있었다. 하인들은 음식이 담긴 접시를 들어 올리는 일을 했다. 포도주나 물이 든 통은 나무 봉에 매달아서 봉을 어깨에 걸친 채 운반한다. 식탁 위에 있는 하인들은 내가 원하면 무엇이든 밧줄과 도르래로 식탁 위에 끌어올려 놓았다."

그런데 릴리푸트 사람들은 왜 걸리버에게 12인분의 음식이 아니라 1728인분의 음식을 주었던 걸까요? 비밀은 바로 '부피'의 개념에 있답니다.

걸리버가 릴리푸트 사람들보다 12배 정도 크긴 하지만, 그것은 단순히 키(높이)를 쟀을 때만 그런 거예요. 몸집(부피)을 비교해 보면 $12 \times 12 \times 12$, 즉 릴리푸트 인보다 1728배 크지요. 그러다 보니 먹는 음식 또한 12배가 아니라 1728배 만큼 많아야 해요. 이처럼 《걸리버 여행기》를 쓴 작가 조너선 스위프트는 이야기의 아주 세밀한 부분까지 정확하게 계산하여 글을 썼답니다.

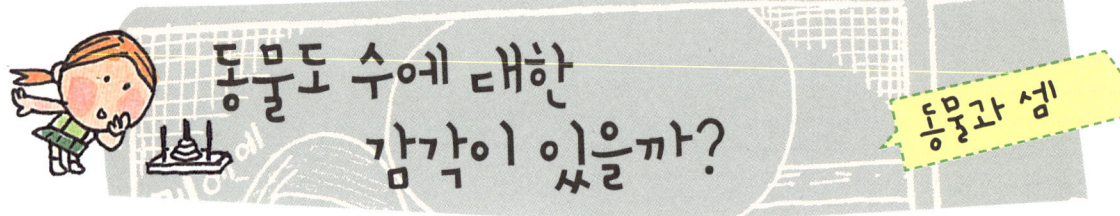

"아니, 저 매가 어느새 또 날아와서 우리 농장 가축들을 괴롭히고 있잖아. 그냥 두고 보려 했더니 안 되겠군. 얼른 저 매를 잡아야겠어."

화가 난 농장 주인은 매를 잡기 위해 일꾼 1명을 불렀어요.

"저 매를 당장 잡아 주게. 아주 골칫덩어리일세."

하지만 매는 쉽사리 잡히지 않았어요. 일꾼이 우리 근처에 있으면 얼씬도 하지 않다가, 잠깐 우리를 비울라치면 귀신같이 나타났지요.

"아무래도 저 매가 사람이 우리 밖으로 나가는 것을 보고 나타나는 것 같군."

농장 주인은 이번에는 일꾼 2명을 불러 우리 안으로 들어가게 했어요. 그리고 1명만 우리 밖으로 나오고, 남은 1명이 매를 잡기로 작전을 짰지요.

하지만 어찌된 일인지 매는 우리 안으로 들어오지 않았어요. 그러더니 우리 안에 남아 있던 일꾼마저 자리를 떠나자 그제야 또 나타나는 것이었어요.

"그래, 누가 이기나 해 보자 이거지?"

농장 주인은 이번에는 일꾼 3명을 우리 안으로 들어가게 한 다음, 1명씩 우리 밖으로 나오라고 지시했어요. 그런데 매는 3명의 일꾼이 모두 우리에서 나오기 전까지 나타나지 않았어요. 그러자 농장 주인은 다시 4명의 일꾼을 우리 안으로 들여보내고 같은 실험을 했지요. 그러나 이번에도 매는 나타나지 않았어요.

"매야, 내가 포기할 것 같으냐? 이번에는 5명이다."

일꾼 5명이 우리 안으로 들어갔어요. 일꾼들은 1명씩 우리 밖으로 나왔지요. 네 번째 일꾼이 나오는 순간, 마침내 매가 우리에 나타났어요.

"옳거니, 이번에는 매를 잡을 수 있겠군."

우리 밖에서 이 모습을 지켜보고 있던 농장 주인이 중얼거렸어요. 드디어 우리 안에 남아 있던 다섯 번째 일꾼이 매를 잡을 수 있었답니다.

연구에 따르면 일부 동물들은 수 감각을 지니고 태어난다고 해요. 열매가 많이 달린 나무를 찾거나, 자기네보다 수가 더 많은 무리와의 싸움을 피하려면 수 감각은 동물들의 생존에 절대적으로 필요해요.

새 가운데에서는 비둘기, 앵무새 등이 4~5까지의 수를 헤아릴 수 있고, 사람과 가장 가까운 동물인 개도 수를 헤아릴 줄 아는 것으로 밝혀졌어요. 개에게 한동안 일정한 개수의 먹이를 주다가 일부러 더 주거나, 덜 주면 나름대로 변화를 느끼는 모습을 보인다고 해요. 심지어 일부 개미들은 수를 셀 뿐만 아니라, 다른 개미들에게 수에 대한 정보를 전달하기도 하고 단순한 셈도 할 수 있다고 해요.

수학 용어 사전

공배수: 어떤 두 수의 공통된 배수를 공배수라고 해요. 2의 배수는 2, 4, 6, 8, 10, 12, … 이고, 3의 배수는 3, 6, 9, 12, … 이므로 2와 3의 공배수는 6, 12, … 예요.

구: 반원의 지름을 회전축으로 하여 1회전 한 입체도형이에요. 반원의 중심은 구의 중심이 되고, 반원의 반지름은 구의 반지름이 돼요.

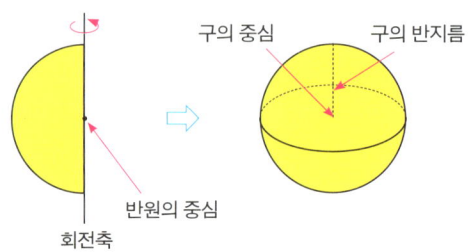

근삿값: 어떤 값을 구했을 때 얻은 값이 참값에 아주 가까운 값을 가리켜요.

기수법: 숫자를 사용하여 수를 나타내는 방법이에요. 오늘날 전 세계에 가장 널리 쓰이는 기수법은 위치적 기수법이에요. 위치적 기수법이란 각 자리의 위치에 따라 값을 다르게 하는 거예요. 위치적 기수법에 따르면 같은 숫자라도 어떤 자리에 오느냐에 따라 값이 다르지요.

100의 자리	10의 자리	1의 자리
2	2	2
↑	↑	↑
200	20	2

기약분수: 분모와 분자의 공약수가 1뿐인 분수를 기약분수라고 해요. 분모와 분자를 그 둘의 최대공약수로 약분하면 기약분수로 나타낼 수 있어요.

$$\frac{12}{36} = \frac{12 \div 12}{36 \div 12} = \frac{1}{3}$$ (12와 36의 최대공약수는 12, $\frac{1}{3}$ 은 기약분수)

기호: 개념을 간결하게 표현하기 위해 생겨난 것이 기호예요. 수학에서도 수, 계산, 논리 등을 간결하게 표현하기 위해 수학 기호가 생겨났지요. 사칙 연산의 + (덧셈 기호), − (뺄셈 기호), × (곱셈 기호), ÷ (나눗셈 기호) 등이 대표적이에요.

내접: 도형이 다른 도형과 접할 때, 안쪽에서 접하는 것을 내접이라고 해요. 오른쪽의 그림은 원에 내접한 정육각형이에요.

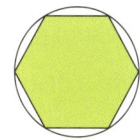

넓이: 어떤 장소나 물건, 도형 등의 넓은 정도를 나타내는 수예요.

대응: 합동인 두 도형을 완전히 포개었을 때 겹쳐지는 꼭짓점을 대응점, 겹쳐지는 변을 대응변, 겹쳐지는 각을 대응각이라고 해요.

마방진: 자연수를 여러 칸으로 나눈 정사각형 눈금 안에 나열했을 때 가로, 세로, 대각선 위에 있는 수의 합이 모두 같아지는 수의 배열을 가리켜 마방진이라고 해요.

미적분: 미적분이란 미분과 적분을 아울러 이르는 말이에요. 미분이란 어떠한 양이 변화하는 속도를 구할 때 필요한 것인데, 물리학에서 속도에 따른 위치의 변화 비율을 구하거나 화학에서 반응에 따른 농도의 변화 비율을 구할 때 주로 써요.
미분과 반대의 개념인 적분은 매순간 변화한 양을 모두 합한 값을 구할 때 쓰여요. 예를 들어 어떤 도형의 넓이가 얼마인지 알고 싶을 때, 그 도형의 넓이를 직접 구하는 대신에 도형의 내부를 여러 개의 도형으로 채우고 그 여러 개의 도형의 넓이를 합하는 방법으로 값을 구하지요.

밑각: 다각형에서 밑변의 양 끝에 있는 각을 말해요.

방정식: $x+6=14$와 같이 미지수 x의 값에 따라 참이 되기도 하고 거짓이 되기도 하는 식을 가리켜 방정식이라고 해요. 이때 방정식이 참이 되도록 하는 미지수의 값을 구하는 것을 '방정식을 푼다'고 해요.

$x+6=14$ → x가 8이면 참
x가 8이 아니면 거짓

배수: 어떤 수를 1배, 2배, 3배, 4배, … 한 수를 어떤 수의 배수라고 해요. 예를 들어 5를 1배하면 5, 2배하면 10, 3배하면 15, 4배하면 20이에요. 따라서 5, 10, 15, 20은 5의 배수이지요. 배수는 무수히 많아서 끝도 없이 구할 수 있어요. 또한 어떤 자연수라도 1배를 하면 자기 자신이 되기 때문에, 가장 작은 배수는 항상 어떤 수 자신이 된다는 규칙이 있지요.

부피: 넓이와 높이를 가진 입체도형이 공간에서 차지하는 크기를 부피라고 해요. 직육면체의 부피는 (밑면의 가로)×(밑면의 세로)×(높이)로 구해요. 오른쪽 도형의 부피는 $3 \times 4 \times 2 = 24 cm^3$예요.

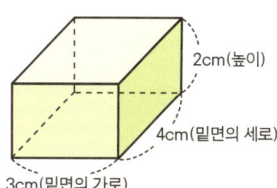

비례식: 두 개의 비가 같음을 나타낸 식을 비례식이라고 해요. 아래의 비례식에서 2, 3, 6, 9를 각각 항이라 하고, 앞에 있는 2와 6을 전항, 뒤에 있는 3과 9를 후항이라고 해요. 또한 비례식에서 안쪽에 있는 2개의 항을 내항, 바깥쪽에 있는 2개의 항을 외항이라고 해요.

$$\underset{\text{후항}}{\overset{\text{전항}}{2:3=6:9}} \qquad \underset{\text{내항}}{\overset{\text{외항}}{2:3=6:9}}$$

비례식의 성질: 비례식에서 외항의 곱은 내항의 곱과 같다는 규칙이에요.

$$2:4=3:6 \qquad \text{외항의 곱}: 2 \times 6 = 12$$
$$\text{내항의 곱}: 4 \times 3 = 12$$

사칙 연산: 덧셈, 뺄셈, 곱셈, 나눗셈의 4가지 계산을 통틀어 사칙 연산이라고 해요.

산학: 셈에 관하여 연구하는 학문을 말해요. 주로 동아시아의 전통 수학을 산학이라고 불러요.

수열: 일정한 규칙에 따라 차례로 나열된 수의 배열을 수열이라고 해요. 수열의 일정한 규칙을 알면 다음에 어떤 수가 올지 예상할 수 있어요. 예를 들어 1, 3, 5, 7, 9, … 라고 하면 홀수를 배열한 것이기 때문에 9 다음에 11이 올 것을 예측할 수 있지요.

10진법: 0부터 9까지, 숫자 10개를 사용하여 수를 나타내는 방법이에요. 자릿값이 올라감에 따라 10배씩 커져요. 세계에서 가장 널리 쓰는 진법이지요.

약분: 분수의 분모와 분자를 그들의 공약수로 나누는 것을 '약분한다'고 해요. 예를 들어 $\frac{12}{36}$는 12와 36의 공약수인 2, 3, 4, 6, 12로 나눌 수 있지요.

$$\frac{12}{36} = \frac{12 \div 2}{36 \div 2} = \frac{6}{18} = \frac{6 \div 6}{18 \div 6} = \frac{1}{3}$$

약수: 어떤 자연수를 나누어떨어지게 하는 수예요. 예를 들어 6을 1부터 차례로 나누었을 때 나누어떨어지는 수는 1, 2, 3, 6이지요. 따라서 1, 2, 3, 6이 6의 약수가 되는 거예요. 참고로 모든 자연수는 1로 나누어떨어지기 때문에 1은 모든 수의 약수예요. 또한 모든 자연수는 자기 자신으로 나누었을 때 나누어떨어지므로, 어떤 수 자신은 항상 어떤 자연수의 약수예요.

연립방정식: 둘 이상의 미지수를 포함하는 둘 이상의 방정식이 쌍으로 되어 있는 방정식을 말해요. 56~57쪽의 이야기를 연립방정식으로 세우면 다음과 같아요.

$$2x + 2y + 2z = 40$$
$$x + y + 2z = 22$$
$$x + 2y + 2z = 32 \ (x\text{는 상등 벼}, y\text{는 중등 벼}, z\text{는 하등 벼})$$

5진법: 0에서 4까지의 숫자, 5개를 사용하여 수를 나타내는 방법이에요. 자릿값이 올라감에 따라 5배씩 커져요. 10진법과 구별하기 위해 수 옆에 $_{(5)}$를 써요. 5진수를 10진수로 나타내는 방법은 아래와 같아요.

$$1234_{(5)} = 1 \times 5^3 + 2 \times 5^2 + 3 \times 5 + 4 \times 1 = 194$$

외접: 도형이 다른 도형과 접할 때, 바깥쪽에서 접하는 것을 외접이라고 해요. 오른쪽 그림은 원에 외접한 정육각형이에요.

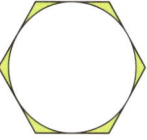

60진법: 60개를 하나로 묶어서 수를 나타내는 방법이에요. 고대 바빌로니아에서 사용했지요. 오늘날에도 1시간을 60분, 1분을 60초로 나누는 시간의 단위에서 60진법이 사용되고 있어요.

원기둥: 두 면이 서로 평행하고 합동인 원으로 된 기둥 모양의 입체도형이에요. 직사각형의 한 변을 회전축으로 하여 1회전시켜서 만들 수 있지요. 원기둥에서 위아래에 있는 면을 각각 밑면이라 하고, 옆을 둘러싼 굽은 면을 옆면, 두 밑면에 수직인 선분의 길이를 높이라고 해요.

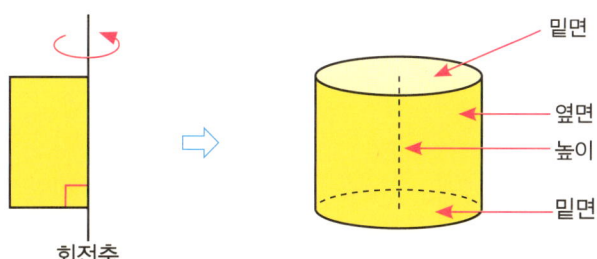

원뿔: 밑면이 원이고 옆면이 굽은 면인 뿔 모양의 입체도형이에요. 직각삼각형의 빗변이 아닌 변을 회전축으로 하여 1회전시키면 만들 수 있어요. 원뿔에서 뿔의 반대쪽에 있는 면을 밑면, 옆을 둘러싼 면을 옆면, 뾰족한 점을 원뿔의 꼭짓점이라고 해요. 원뿔의 꼭짓점과 밑면인 원둘레의 한 점을 이은 선분을 모선이라고 하고, 원뿔의 꼭짓점에서 밑면에 수직인 선분의 길이를 원뿔의 높이라고 하지요.

원주: 원의 둘레의 길이를 말해요.

원주율: 원의 지름에 대한 원주의 비율을 원주율이라고 해요. 원주율은 원의 크기에 상관없이 항상 일정해요. 일반적으로 소수 셋째 자리에서 반올림하여 3.14로 나타내고, 기호는 π(파이)예요.

이등변삼각형: 두 변의 길이가 같은 삼각형이에요. 이등변삼각형은 두 밑각의 크기가 같고, 꼭지각의 이등분선은 밑변을 수직이등분하지요.

2진법: 0과 1, 2개의 숫자를 사용하여 수를 나타내는 방법이에요. 자릿값이 올라감에 따라 2배씩 커져요. 10진법과 구별하기 위해 수 옆에 $_{(2)}$를 써요. 2진수를 10진수로 나타내는 방법은 다음과 같아요.

$$1011_{(2)} = 1 \times 2^3 + 0 \times 2^2 + 1 \times 2 + 1 \times 1 = 11$$

정수: 자연수 1, 2, 3, … 에 양의 부호 +를 붙인 수 +1, +2, +3, … 을 양의 정수라 하고, 음의 부호 −를 붙인 수 −1, −2, −3, … 을 음의 정수라고 해요. 그리고 '양의 정수, 0, 음의 정수'를 통틀어 정수라고 하지요.

정육면체: 정사각형 6개로 둘러싸인 도형을 말해요.

제곱근: 제곱하여 어떤 수가 되게 하는 수예요. 예를 들어 3을 제곱하면 9이므로, 9의 제곱근은 3이지요.

중심각: 원이나 부채꼴에서 두 반지름으로 만드는 각을 중심각이라고 해요. 중심각이 커지면 호의 길이도 길어져요.

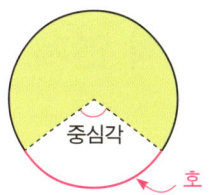

증명: 어떤 사항이나 판단에 대해서 그것이 진실인지 아닌지 증거를 제시하여 밝히는 것을 증명한다고 해요.

직각삼각형: 한 각이 직각인 삼각형이에요. 직각삼각형에서 직각과 마주 보고 있는 변을 '빗변'이라고 하고, 빗변이 아닌 두 변을 각각 '밑변'과 '높이'라고 해요.

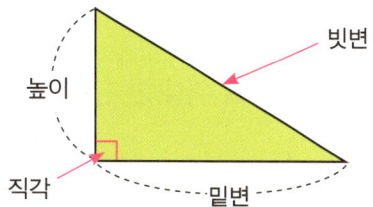

직육면체: 직사각형 6개로 둘러싸인 도형을 말해요.

최소공배수: 공배수 가운데 가장 작은 수가 최소공배수예요. 2의 배수는 2, 4, 6, 8, 10, 12,… 이고, 3의 배수는 3, 6, 9, 12,… 이기 때문에 2와 3의 공배수는 6, 12,… 예요. 이들 가운데 가장 작은 수인 6이 2와 3의 최소공배수이지요.

통계: 여러 가지 현상에 대한 자료를 한눈에 알아보기 쉽게 나타낸 수치예요. 자료를 표나 그래프로 정리하고 분석하면 현재 상황을 이해하는 데 도움을 줄 뿐만 아니라 앞날을 예측하는 데 유용하게 쓰여요.

합동: 모양과 크기가 같아서 포개었을 때 완전히 겹쳐지는 두 도형을 서로 합동이라고 해요.

호: 원둘레 위의 서로 다른 두 점이 만나 만들어 내는 원둘레의 일부분을 말해요.

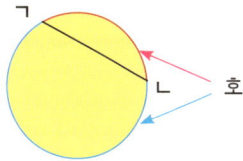

확률: 모든 경우의 수에 대한 어떤 사건이 일어날 경우의 수의 비율을 말해요. 주사위를 1번 던졌을 때 모든 경우의 수는 6이고, 특정 숫자가 나올 경우의 수는 1이에요. 그러므로 이때 각 눈의 값이 나올 확률은 $\frac{1}{6}$ 이에요.

$$(확률) = \frac{어떤\ 사건이\ 일어날\ 경우의\ 수}{모든\ 경우의\ 수}$$

교과 연계표

1장 인류의 위대한 유산, 수

제목	주제	교과 연계 단원
1. 아주 먼 옛날, 사람들은 수를 세지 못했어요	수 감각	1-1 (1) 9까지의 수
2. 돌멩이를 이용해 수를 표시했어요	일대일 대응	1-1 (1) 9까지의 수
3. 가장 오래된 숫자 가운데 하나예요	수메르의 숫자	1-1 (1) 9까지의 수 1-1 (5) 50까지의 수 2-1 (1) 세 자리 수
4. 손가락으로 수를 세면서 탄생했어요	10진법	1-1 (3) 덧셈과 뺄셈 1-1 (5) 50까지의 수 1-2 (4) 덧셈과 뺄셈 (1) 1-2 (6) 덧셈과 뺄셈 (2) 2-1 (1) 세 자리 수 2-1 (3) 덧셈과 뺄셈 2-2 (2) 덧셈과 뺄셈 (1) 2-2 (4) 덧셈과 뺄셈 (2) 3-1 (1) 10000까지의 수 3-1 (2) 덧셈과 뺄셈 3-2 (1) 덧셈과 뺄셈
5. 다섯 개씩 묶어서 세면 편리해요	5진법	2-1 (6) 곱셈
6. 바빌로니아 사람들은 60진법을 썼대요	60진법	3-1 (8) 길이와 시간
7. 사물의 모양을 보고 만들었어요	이집트 상형 숫자	1-1 (1) 9까지의 수
8. 악마의 마술이라고요?	인도-아라비아 숫자	1-1 (3) 덧셈과 뺄셈 1-2 (4) 덧셈과 뺄셈 (1) 1-2 (6) 덧셈과 뺄셈 (2) 2-1 (3) 덧셈과 뺄셈 2-2 (2) 덧셈과 뺄셈 (1) 2-2 (4) 덧셈과 뺄셈 (2) 3-1 (2) 덧셈과 뺄셈 3-2 (1) 덧셈과 뺄셈
9. 가장 위대한 숫자의 탄생	숫자 0	1-1 (1) 9까지의 수 2-2 (1) 곱셈구구 중학 수학 1 정수와 유리수

| 10. 1000은 우리말로 '즈믄'이에요 | 수를 나타내는 우리말 | 1-1 (1) 9까지의 수
1-1 (5) 50까지의 수
1-2 (1) 100까지의 수
2-1 (1) 세 자리 수 |

2장 계산은 이렇게 발전했대요

제목	주제	교과 연계 단원
1. 물건을 나누면서 탄생했어요	분수	2-2 (5) 분수 3-1 (7) 분수 4-1 (6) 분수 4-2 (1) 분수의 덧셈과 뺄셈 5-1 (3) 분수의 덧셈과 뺄셈 5-1 (4) 분수의 곱셈 5-2 (2) 분수의 나눗셈 6-1 (1) 분수의 나눗셈
2. 복잡한 방정식을 기호로 표시했어요	수학 기호의 탄생	1-1 (3) 덧셈과 뺄셈 1-2 (7) 문제 푸는 방법 찾기 2-1 (3) 덧셈과 뺄셈 2-2 (7) 문제 푸는 방법 찾기 6-2 (6) 방정식 중학 수학 1 문자와 식 중학 수학 1 일차방정식
3. 사칙 연산을 기호로 나타냈어요	+-×÷의 탄생	1-1 (3) 덧셈과 뺄셈 1-2 (3) 10을 가르기와 모으기 2-1 (3) 덧셈과 뺄셈 2-1 (6) 곱셈 3-1 (4) 나눗셈 중학 수학 1 정수와 유리수
4. 인쇄업자가 정했어요	미지수 'x'	1-1 (3) 덧셈과 뺄셈 1-2 (7) 문제 푸는 방법 찾기 2-1 (3) 덧셈과 뺄셈 2-2 (7) 문제 푸는 방법 찾기 6-2 (6) 방정식 중학 수학 1 문자와 식 중학 수학 1 일차방정식
5. 엄청나게 불어난 밀알의 수	거듭제곱	중학 수학 1 소인수분해
6. 이자를 쉽게 계산하기 위해 태어났어요	소수	3-2 (6) 소수 4-1 (7) 소수 4-2 (2) 소수의 덧셈과 뺄셈 5-1 (2) 약분과 통분 5-2 (1) 분수와 소수 5-2 (4) 소수의 곱셈 5-2 (5) 소수의 나눗셈 6-1 (2) 소수의 나눗셈

제목	주제	교과 연계 단원
7. 눈 깜짝할 새 1부터 100까지 더했어요	가우스의 덧셈법	4-1 (8) 규칙 찾기
8. 아들아, 은밀하게 공부하도록 해라	구구단	2-1 (6) 곱셈 2-2 (1) 곱셈구구
9. 고려 사람들도 분수 계산을 했대요	《구장산술》 속 분수	2-2 (5) 분수 3-1 (7) 분수 4-1 (6) 분수 4-2 (1) 분수의 덧셈과 뺄셈 5-1 (3) 분수의 덧셈과 뺄셈 5-1 (4) 분수의 곱셈 5-2 (2) 분수의 나눗셈 6-1 (1) 분수의 나눗셈
10. 볏단을 얼마나 주어야 할까요?	《구장산술》 속 방정식	1-1 (3) 덧셈과 뺄셈 1-2 (7) 문제 푸는 방법 찾기 2-1 (3) 덧셈과 뺄셈 2-2 (7) 문제 푸는 방법 찾기 6-2 (6) 방정식 중학 수학 1 문자와 식 중학 수학 1 일차방정식
11. 우리 조상들이 사용했던 편리한 계산기	산가지	
12. 기계식 계산기가 처음으로 탄생했어요	파스칼린	

3장 놀라운 도형의 세계

제목	주제	교과 연계 단원
1. 새롭게 토지를 나누면서 생겨났어요	기하학	4-2 (5) 평면도형의 둘레와 넓이 5-1 (7) 평면도형의 넓이 6-1 (5) 원주율과 원의 넓이 중학 수학 1 평면도형
2. 삼각형을 이용해 육지와 배 사이의 거리를 쟀어요	삼각형의 합동	5-1 (5) 도형의 합동 5-2 (3) 도형의 대칭 중학 수학 1 도형의 기초 중학 수학 1 작도와 합동
3. 막대기 하나로 피라미드의 높이를 쟀어요	삼각형과 비례식의 성질	4-1 (4) 삼각형 5-2 (7) 비와 비율 6-1 (7) 비례식 중학 수학 1 작도와 합동
4. 직각삼각형의 성질을 증명해 냈어요	피타고라스의 정리	중학 수학 3 피타고라스의 정리
5. 동양에도 피타고라스의 정리가 있었대요	구고현 정리	중학 수학 3 피타고라스의 정리
6. 정오각형 속 별에 숨어 있는 비밀	황금비	5-2 (7) 비와 비율

7. 역사상 가장 위대한 수학책	유클리드의 《원론》	중학 수학 1 도형의 기초
8. 내 도형을 망치지 마라	아르키메데스와 원	6-1 (5) 원주율과 원의 넓이 6-2 (2) 원기둥과 원뿔 중학 수학 1 입체도형
9. 아르키메데스, 최초로 원주율을 계산하다	원주율 I	6-1 (5) 원주율과 원의 넓이
10. 원주율을 계산한 수학자들	원주율 II	6-1 (5) 원주율과 원의 넓이
11. 원과 비례식을 이용하여 지구의 둘레를 재다	원과 비례식	4-1 (3) 각도 5-2 (7) 비와 비율 6-1 (7) 비례식
12. 색종이로 삼각형 내각의 합을 증명했어요	삼각형 내각의 합	4-1 (3) 각도
13. 가장 넓은 땅을 차지하려면?	원의 비밀	2-1 (2) 여러 가지 도형 3-2 (3) 원 6-1 (5) 원주율과 원의 넓이
14. 꿀벌은 왜 정육각형 모양의 집을 지을까요?	정육각형의 비밀	2-1 (2) 여러 가지 도형 4-2 (4) 사각형과 다각형
15. 부피가 2배인 아폴론 신의 제단을 만들라	정육면체의 부피	1-1 (4) 비교하기 5-1 (6) 직육면체와 정육면체 6-2 (3) 직육면체의 겉넓이와 부피

4장 흥미진진한 측정·확률·통계 이야기

제목	주제	교과 연계 단원
1. 사람의 신체는 가장 오래된 줄자	신체와 단위	1-1 (4) 비교하기 2-1 (4) 길이 재기 2-2 (3) 길이 재기
2. 진시황제, 중국 통일과 함께 도량형도 통일하다	중국의 도량형	1-1 (4) 비교하기 2-1 (4) 길이 재기 2-2 (3) 길이 재기 3-2 (5) 들이와 무게
3. 암행어사의 필수품, 유척	유척	1-1 (4) 비교하기 2-1 (4) 길이 재기 2-2 (3) 길이 재기 3-2 (5) 들이와 무게
4. 전 세계의 단위를 하나로 통일해야 하오	미터법	1-1 (4) 비교하기 2-1 (4) 길이 재기 2-2 (3) 길이 재기 3-1 (8) 길이와 시간 5-1 (8) 여러 가지 단위

제목	주제	교과 연계 단원
5. 유레카! 유레카!	물체의 부피	1-1 (4) 비교하기 3-2 (5) 들이와 무게
6. 먹는 만큼 똥을 누는 걸까?	몸무게 측정	1-1 (4) 비교하기 3-2 (5) 들이와 무게
7. 도박에서 시작되었어요	확률	6-2 (5) 경우의 수와 확률
8. 윷놀이를 하면 왜 걸과 개가 자주 나올까?	경우의 수와 확률	6-2 (5) 경우의 수와 확률
9. 사회 문제를 해결하기 위해 생겨났어요	통계	2-2 (6) 표와 그래프 3-2 (7) 자료 정리 4-2 (7) 꺾은선그래프 5-2 (6) 자료의 표현과 해석 6-1 (6) 비율그래프 중학 수학 1 통계

5장 재미있는 수학 이야기

제목	주제	교과 연계 단원
1. 미궁에서 탈출하는 방법	미로와 수학	
2. 쾨니히스베르크의 다리 건너기	한붓그리기	중학 수학 2 확률
3. 일식이 일어나는 날짜를 예언했어요	천문학과 수학	
4. 망치 소리를 듣고 음계를 만들어 냈어요	음악과 수학	5-2 (7) 비와 비율
5. 아킬레우스와 거북이의 경주	제논의 역설	고등 수학 1 수열의 극한
6. 나는 이미 진리와 결혼했습니다	최초의 여성 수학자	
7. 1년 후 토끼는 몇 마리일까요?	피보나치 수열	2-1 (1) 세 자리 수 4-1 (8) 규칙 찾기 고등 수학 1 수열
8. 산학 시험을 통과하지 못하면 불이익을 내리겠노라	세종대왕과 수학	
9. 이 문제를 한번 풀어 보시겠습니까?	수학 대결	5-2 (4) 소수의 곱셈 6-1 (4) 여러 가지 입체 도형 6-2 (3) 직육면체의 겉넓이와 부피 중학 수학 1 입체도형
10. 병사들이 몇 명이나 남았을까?	공배수와 최소공배수	5-1 (1) 약수와 배수 중학 수학 1 소인수분해

11. 물고기는 몇 마리나 있을까?	비례식의 성질	5-2 (7) 비와 비율 6-1 (7) 비례식
12. 힐베르트 호텔에 어서 오세요	무한	고등 수학 1 수열의 극한
13. 파리를 보고 좌표를 탄생시켰어요	좌표	4-2 (7) 꺾은선그래프 중학 수학 1 함수와 그래프
14. 수학자 뉴턴의 위대한 발견	미적분 I	고등 수학 2 다항함수의 미분법 고등 수학 2 적분법
15. 두 위대한 수학자의 싸움	미적분 II	고등 수학 2 다항함수의 미분법 고등 수학 2 적분법
16. 이 탑을 다 옮기면 지구가 멸망한대요	하노이의 탑	중학 수학 1 소인수분해
17. 마법 같은 수학	마방진	3-2 (8) 규칙 찾기와 문제 해결
18. 걸리버는 밥을 얼마나 먹어야 할까?	식사량 계산하기	1-1 (4) 비교하기 6-2 (3) 직육면체의 겉넓이와 부피 6-2 (4) 원기둥의 겉넓이와 부피
19. 동물도 수에 대한 감각이 있을까?	동물과 셈	1-1 (1) 9까지의 수

이야기로 배우는 수학의 역사
그래서 이런 수학이 생겼대요

초판 발행 _ 2013년 4월 8일
초판 9쇄 발행 _ 2021년 2월 19일

글쓴이 _ 우리누리
그린이 _ 강경수
발행인 _ 이종원
발행처 _ 길벗스쿨
출판사 등록일 _ 2006년 6월 16일
주소 _ 서울시 마포구 월드컵로 10길 56 (서교동)
대표전화 _ (02)332-0931 / 팩스 _ (02)323-0586
홈페이지 _ school.gilbut.co.kr / 이메일 _ gilbut@gilbut.co.kr

기획 및 책임편집 _ 김언수 / 교정교열 _ 이현주
제작 _ 이준호, 손일순, 이진혁 / 영업마케팅 _ 진창섭, 강요한 / 웹마케팅 _ 황승호
영업관리 _ 정경화 / 독자지원 _ 송혜란, 윤정아

표지디자인 _ 김성미 / 본문디자인 _ 이재경
필름출력 및 인쇄 _ 상지사 / 제본 _ 신정제본

ⓒ 우리누리, 강경수 2013

잘못된 책은 구입한 서점에서 바꿔 드립니다.
이 책에 실린 모든 내용, 디자인, 이미지, 편집 구성의 저작권은 길벗스쿨과 지은이에게 있습니다.
허락 없이 복제하거나 다른 매체에 옮겨 실을 수 없습니다.

ISBN 978-89-6222-526-6(73410)
　　　(길벗스쿨 도서번호 200126)

독자의 1초를 아껴주는 정성 **길벗출판사**
길벗 IT실용서, IT/일반 수험서, IT전문서, 경제실용서, 취미실용서, 건강실용서, 자녀교육서
더퀘스트 인문교양서, 비즈니스서
길벗이지톡 어학단행본, 어학수험서
길벗스쿨 국어학습서, 수학학습서, 유아학습서, 어학학습서, 어린이교양서, 교과서